イラストで見る

潤脳チャレンジ 認知症実践介護

援助職のための脳が潤う高齢者ケア

桑田直弥●著
高石瑞希●イラスト

福村出版

はじめに

私が高齢者の援助職を志したのは小学４年生のときです。父方の曾祖母、いわゆるひいおばあちゃんが認知症になったのがきっかけです。父方の曾祖母は祖父母と一緒に岡山県に住んでおり、関西に住んでいた私は小学校の夏休みなどに岡山に行くのが習慣となっていました。３食毎にいつも“ヤクルト”（乳酸菌飲料）を飲むのが日課で、私が訪れた時には優しい笑顔で、ヤクルトを私にくれたものでした。そして、小学４年生の時、曾祖母は肺がんのため、病院に長期入院となりました。入院から３ヶ月後、夏休みの際に祖父母と一緒に入院先の病院へ面会に行くことになりました。私は曾祖母の好きな“ヤクルト”を持参し、喜んでもらおうと考えていました。しかし、曾祖母は私の顔を見ても「誰？　この子？」と一言。「誰か、親戚の子供を連れてきたのかい？」と全く顔の認識がない、赤の他人のような振る舞いです。それでも、せっかく持参した乳酸菌飲料を飲んでもらおうと、祖父母を通じて手渡してもらうと、「何だこれ？ 変な薬かい？」と“ヤクルト”の名前も出て来ないどころか、それが何なのかも分からない素振りです。子供ながらに大きなショックを受けました。そして、それは肺がんという疾病ではなく、昔で言うと「痴呆」、今で言う「認知症」が原因だと知りました。幼いながらに病院に入れば、病気は治る、よくなるものだと信じていた私は「病院でもよくならないものがある」のだと大変ショックを受けました。そして、母より河合隼雄先生の本を紹介されて、「こころを扱う心理士という仕事があるのか」と知りました。そのときから、高齢者や認知症を患う方への支援を生業とする仕事を志して参りました。

最初に仕事として、高齢者や認知症を患う方と接したのは大学１年生のときです。病院の健康診断のアルバイトとして、病院に入院されている方や老人ホームに入居されている方と接することとなりました。そのときは高齢者の方と関わるのが楽しくて、昼食も忘れてお話をし続けたことを覚えています。その後、大学や大学院での実習、精神科病院での勤務等を経て、大学の先生から「介護施設で心理職の募集」をしていることを知ります。知り合いの心理士たちは「専門医がいない所で働くのは難しい」「今まで心理士がいなかった所でゼロから働き出すのは大変」「医療と違った介護の分野で心理士に何ができるのか」と尻込みする方も多かったのです。しかし、私自身は「介護現場であれば、治療場面以外の時間も接することができる」「検査や面接以外でも高齢者と関わることができる」「今まで心理士がいなかった未知の分野で働くことができる」と介護の 3K（きつい、きたない、きけん）どころか「できること」しか頭にありませんでした。そして、その予感は当たっていたと思います。

世間一般のイメージとして、介護は「しんどい」「暗い」「つらい」といったネガティブなイメージが多いように思います。確かに高齢者への虐待や高齢者ドライバーの交通事故など、いたたまれない事件も多くあります。しかし、本当に暗い一面ばかりでしょうか。人生の大先輩である高齢者の方が人生の最後の場面を迎えるにあたって、同じ時間、同じ空間を味わうことができるのが高齢者臨床の醍醐味です。さらに、介護、検査、面接といった業務で関わっている間に、高齢者の方から人生経験、価値観、生き様、智慧、知識などを直接教わることができます。加えて、介護の場面では移動、食事、入浴、排泄といった生活場面にも深く携わることができます。生活場面の支援に建前はありません。人が生きていく中でより良いもの、その人にこそ適したものを探りながら、24時間、365日関わることができるのです。それはある意味で、人間対人間、生身対生身の一本勝負でもあり、小細工やごまかしができない真剣勝負です。人間にとって命に限りがあるのは自明のことではありますが、人生の最後を迎えようとされる高齢者の方のそばで仕事をさせてもらえることで、何よりも命の輝きや人間の凄みを直に味わいつつ、一人一人の方に応じた援助を考え、時に怒られ、時に笑顔を共にしながら時間を分かち合える素晴らしい仕事だと思っています。

ぜひ一人でも多くの皆さんに介護施設などで高齢者と関わる仕事の醍醐味を感じてもらい、高齢者と関わる上で生活支援につながる知識や御本人のお役に立てる考え方のヒントを本書の中で一つでも多く活用していただければ幸いです。

令和２年３月　桑田直弥

「イラストで見る潤脳チャレンジ認知症実践介護
——援助職のための脳が潤う高齢者ケア」

目次

序章
介護施設における心理職

1．私が働いた介護施設での心理職の活動

当時の私の職場は大阪府藤井寺市にあり、2018年6月時点で人口は約6万5,000人、高齢化率は26.9%でした。プロ野球の近鉄バファローズの本拠地、藤井寺球場があった土地で、日本一高い駅ビルのあべのハルカスより電車で15分のベッドタウンです。所属する社会福祉法人みささぎ会は、昭和62（1987）年、藤井寺市内で最も古くに高齢者向けの社会福祉法人を設立し、法人設立30周年を超えています。平成18（2006）年には日本の介護施設では大変珍しい、認知症の専門部署「認知症予防自立支援プロジェクトチーム」（現在、「認知症予防自立支援推進室」）を立ち上げました。その際、私はその法人に初めて雇用された臨床心理士であり、以後事業拡大と共に心理職の増員を行い、現在では臨床心理士15名（常勤3名、非常勤12名）のチームとなっています。

高齢者への支援を考えるとき、人の生活行為の概念として、心理・環境・機能の三つの領域（桑田2010）があります。一例として、御家族から寄せられた介護相談の集計「認知症の人の介護を困難にさせる行動」（「ぼけ老人てれほん相談」1982年～1999年集計）を見てみると、第1位「記憶障害」、第2位「見当識障害」、第3位「失禁」、第4位「日常生活ができない」、第5位「徘徊」、第6位「物盗られ妄想」、第7位「興奮、暴力」、第8位「閉じこもり、食事や入浴などの拒否」となっています。一般に介護負担の強いと思われる失禁や徘徊などよりも、実は記憶障害（第1位）や見当識障害（第2位）といった認知機能の障害に由来する介護の方が介護負担が大きいことが分かります。この点を見ても、生活行為における心理や機能の理解に詳しい臨床心理士の専門性の発揮が期待されます。

例えば、もしあなたの家の近くに老人ホームが建つと聞いたら、どのようなイメージが思い浮かぶでしょうか。残念ながら、介護現場で繰り返される虐待事件や死亡事故はメデ

ィアで連日放送されており、介護施設は必要だと理解できるけれど、自分の地域に建つのは困るというのが皆さんの本音かもしれません。それでは、臨床心理士が介護施設にいると、どのようにお役に立てるのでしょうか。まず、介護士や看護師以外の見方や考え方ができ、既存の介護とは異なるアプローチを行い、チームケアの視野を広げることができます。次に、適切な観察・評価を行い、利用者本人や御家族のメリットに繋げられます。主観的感情的になりすぎず、利用者本人の心理面や機能面を観察したり評価したりすることができます。そして、多職種連携では丁寧な仕事で潤滑油となります。利用者である高齢者だけでなく、各職員の気持ちを汲み取ることも得意なので、チームケアや多職種連携を前に進めることができます。例えば、特別養護老人ホームに入居されている利用者が失禁された場面においては、失禁を招いた誘因、新人職員がしがちな失言、先輩職員との関わり方などを心理・環境・機能の面から考察し、支援することができます。

2. 介護施設における多職種連携

では、いまだ臨床心理士の雇用数が少ない介護領域のなかでどのように多職種連携を進めていくことができるのか。ここでは臨床心理士の側から心理職の活用法を具体的に提示していきます。

（1）体験利用や初めて介護施設を使う利用者への不安軽減で役に立つ。臨床心理士は相手の気持ちや状態に合わせて、柔軟に関わることが得意な専門職です。そのため、「単に話しているだけ」のように見えて、高齢者の表情や言動、気持ちの変動について細かく分析、考察をしています。

（2）他職種が関わりにくい利用者の理解の向上で役に立つ。利用者のなかには、暴言を吐く方、言うことを聞いてくれない方、集団行動に参加しにくい方、ずっと黙っている方など、介護保険の人員配置の割合もあり、多忙な介護業務のなかでは介護職が関わりにくい利用者がいるのは事実です。そこで、職員側から見て問題を抱えた利用者と関わる機会を設け、利用者を理解するための糸口を作るのが心理職の本領発揮の場となります。

例えば、トイレの度にトイレットペーパーをポケットに仕舞い込む方は、実は戦時中に物がなくて大変貧しく不便な思いをしており、認知機能低下のために余計に幼少時の記憶が想起されやすくなっているから、と背景をひもといていきます。

先行研究でも、介護施設における日常会話を調べると、介護職における「利用者との会話」は業務全体の1％に過ぎません（Mallidou et al. 2013）。また、介護職と利用者との会話内容の内訳を調べると、介助のための声かけ＝77％、関係性を築くための声かけ＝15％、その両方＝8％と、7割以上が介助のための会話（「トイレに行きましょうか」「上着を脱ぎますよ」など）となっています（Ward et al. 2008）。加えて、当法人内の同規模施設間（2ヶ所の特別養護老人ホーム、定員70名）の比較調査でも、介護職－利用者間の会話において、介護職側から利用者に向けて、意識的に日常会話を行うことで、利用者や御家族の信頼度や満足度が上がることが示されています（桑田2010）。

そのような中、心理職から疾患の特徴を踏まえた支援方法を利用者別に介護職へ伝えることで多職種連携にもつながっています。①アルツハイマー型認知症の「物盗られ妄想」の場合、見当識や記憶の障害で場所が覚えにくい要因があるため、対応では御本人の記憶が保たれている御家族の写真を手がかりとして、一緒に環境調整を行う。②レビー小体型認知症の「幻視」（現実にないものが見える）の場合、後頭葉の機能低下により視空間認知の障害が起きる要因があるため、対応では暗いところや見誤りになるものがあると幻視を招きやすいことを考慮し、常夜灯をつけたり、服を掛けたハンガーはタンスの中にしまうなどの配慮を行う。③前頭側頭型認知症の「反社会行動」（勝手に他人の部屋に入る、他人の食事を食べる）の場合、前頭葉の機能低下による常道症や脱抑制が出現しやすい要因があるため、複雑でない決まった行動であれば好んで作業してくれる傾向を解説し、対応として新聞チラシでのゴミ箱作り、好きな題材のぬり絵を提供する、包装紙のプチプチをつぶしてもらうなどの対応を行っています。

支援方法の進め方としては、介護職が理解しやすいように3段階で順に提示します。例えば、施設内で徘徊がある認知症高齢者への対応方法は以下の通りです。

ステップ1

御本人の培ってこられた家事経験の活用（残存機能の視点）として、昼食時やおやつ時に食器洗いや食器整理の手伝いや、雑巾畳みやランチョンマットの整理を手伝ってもらう。

ステップ2

趣味・趣向に合うボランティアの活用（地域資源の視点）として、お花・カラオケ・楽器演奏などのボランティアを招き、一緒に楽しんでもらったり、傾聴ボランティアを招いて一対一でゆっくりと御本人のお話を聴いてもらったりする。

ステップ3

人的環境・物理的環境の活用（介護環境の視点）として、施設内で刺激の少なく、外の景色が見える窓際の座席を用意したり、介護職員が施設周辺を一緒に散歩し、気分転換を図るように協働で取り組んでいる。

また、認知症に特化した支援として、当法人では独自の認知トレーニング活動（潤脳チャレンジ活動）を行い、読み・書き・計算の学習内容を利用者の生活歴・教育歴・趣向に合わせて、個別に教材を作成し、1回30分の小グループ活動を合計300名の方に提供していました。担当の臨床心理士とのコミュニケーションを通じて、楽しみながら行ってもらうのが特徴で、参加された全利用者へ個別フィードバックを年 2 回行います。定期的に行う認知機能評価や行動観察評価を基に、活動と機能の評価、生活面へのアドバイスを含めて、あくまで御本人や御家族が理解しやすい形にして、毎月報告を行います。

例えば、デイサービス利用者の A さん（男性、92 歳、要介護 3）は本活動を平成 19 年より継続されており、認知機能評価（MMSE）では活動経過が 10 年を超えても、認知機能を維持されていることが検査で判明し、このことをエビデンスとして他職種にも理解してもらいました。また、認知機能評価の点数だけではなく、利用者の生活行動へと般化した事例もあります。計算問題の回答数が増加された B さん（男性、86 歳、要介護 2）は、活動開始前の入浴介助時は「これでいいの？」と衣服を一枚ずつ介護士に確認されていましたが、活動継続半年後には服を着る前に御自分で裏表を確認して、着衣ができるようになりました。

一方、老人ホームの入居者に対する支援では、認知症を患う高齢者に対して、昔のことを思い返してもらい、記憶や見当識の振り返りを促す回想法と同時に、身体機能を用いる生活行為を組み合わせた支援を行います。例えば、失語症のある男性利用者に昔御自身がされていた農作業を思い返していただきながら、実際に稲刈りを手伝っていただく稲刈り体験や、東北地方出身の女性利用者に地元のずんだ餅の作り方を教えてもらうなど、10 人程度のグループ活動で認知機能と身体機能を相互に発揮していただける機会を介護士と共に提供しています。軽度の方に限らず、中〜重度利用者向けに利用者や御家族が「あったらいいな」と思っているニーズを実現するサービスも行います。例えば、昔、仕事の帰りに通っていた大阪・梅田の観劇に行きたい方、食事介助が必要な妻と一緒に地元のお好み焼き屋へ一緒に行きたい方、可愛がっていた孫の結婚式に参列したい方、自分の先祖の墓参りのために白浜へ一泊旅行に行きたい方など、ケア・プランを見直すところから多職種連携を通じて、利用者への新たなサービス実現を行っています。

在宅で介護されている御家族向けの教室も定員 25 名程度で毎月開催しています。認知症や老化のメカニズムなどの知識啓発講座や参加者同士の意見交換、実際の在宅における介護のお困り事の事例の話し合いなど、目の前で直面している問題について集団力動を加味した形で提供しています。家族支援では、アウトリーチとして在宅への個別訪問支援も行っています。施設で待つだけでなく、ケア・マネジャーやホームヘルパーと協力し、自宅を訪問します。介護職等が御家族と話をする間、御本人との面接を通じて、機能評価などを行います。例えば、認知機能低下で掃除機の使用が難しい方には使い慣れた箒（ほうき）で掃除の手伝いをしていただく。炊飯器の使用が難しい方には米櫃（こめびつ）でお米を計るところまでお手伝いをしていただき、プライドを傷つけないように御本人のできることを残してあげるなど、現場の状況に応じて具体的な助言や対応方法を提供しています。

3. 介護施設における心理職による地域臨床

介護施設として地域との付き合いは不可欠ながら、関係を深めるのは一朝一夕とはゆきません。そこで、地域住民と共に歩むためには次の三つのステップが必要となります。

まず、第1に、施設と地域の違う点を見える化。施設開設前に説明会を行い、「地価が下がる」「ボケ老人が徘徊されたら困る」などの住民からのクレームに真摯に対応する。

第2に、地域へ門戸を拡げる。施設主体の行事を開催し、施設内での足湯や喫茶コーナー、ボランティア茶話会や文化祭のように施設以外の方も参加できる行事を開催し、交流を多く持つ。

第3に、地域と一体化し、コミュニティ化を図る。地域主体の行事（野球クラブ、運動会、文化祭、餅つき、年末夜警、清掃活動など）で親睦を深めていきます。

さらに、コミュニティ目線の地域臨床として、計20地区・約700名の地域高齢者に向けて、出前型介護予防教室を行っています。これは介護保険を使わず、地域で元気に過ごしていただけることを目指す教室です。地域高齢者は誰でも参加できて、参加無料。施設周辺の自治会館にて、一地区につき年間3～4回、時間は一回約2時間行います。プログラムは、有酸素運動を中心に大腰筋や下肢筋力等の強化を図り、歩行の安定を目指すための転倒予防体操、認知機能を発揮するための読み書き計算による思考活動、独自資料を作成して認知症の知識普及や受け止め方を考え合う意見交換、参加者同士が協力し合う集団アクティビティなどがあります。年度末には参加者全員を施設に招いて、受講証授与式を開催し、福祉情報の提供と住民同士の横の繋がりといった地域交流を行います。さらに集団での認知機能評価（平均年齢74.28歳、平均教育年数11.39年）を行い、自己の認知機能を客観的に認識し、生活の中で健康維持により意識的に取り組んでいただくことを目的として推進しています。この評価においても、参加者全員に個別報告書をお渡しし、解説を付け加えることで、認知症や廃用症候群にならないために予防意識を高めています。

その他、地域住民との協働企画として、地域サロン（認知症よろず相談所）を毎月の午後、地域会館にて開催。飲み物、お菓子は無料で提供します。福祉委員、臨床心理士、ケア・マネジャー、社会福祉士などがその場で無料相談に応じ、地域内の隠れ認知症、ひきこもり、介護困難者の発見につながっています。市民向けの公開講座や無料フォーラムも毎年2回ずつ開催。認知症専門医を招いた市民向け認知症フォーラムなどで、広く一般市民に向けた認知症啓発や地域を巻き込んだ認知症予防を行いました。

研究の側面において、大阪大学大学院精神医学教室の医師の先生方と平成18（2006）

年より認知症予防研究事業を協働で行っています。さらに、他領域との連携として、大阪大学副学長の八木康史先生を代表とする大阪大学産業科学研究所の先生方と歩容（歩き方の様子）研究を行っています。キネクトカメラ（身体の動きであるジェスチャー・音声認識によってコンピューターの操作ができるマイクロソフトから発売されたデバイス）を用いて、地域住民の計算活動や足踏みの状態を客観的に分析。即座にもも上げの高さや足踏みの速度などの分析結果を御本人に解説し、簡易の個別報告書を提供しています。

介護施設ならではのコミュニティ支援として、平成27年には社会貢献事業推進室を新たに立ち上げ、地域の生活困窮者への総合生活支援を多職種連携で行っています。これは「生活困窮者自立支援法」（平成27年4月施行）を基にした、ワンストップでの総合支援（宿泊場所あり、毎日の食事あり、就職支援あり、心理相談あり）です。支援事業の特徴として、困難事例のお宅を訪問して御本人と共に解決に向けて取り組む。相談者の年齢制限はありません。解決に必要と思われる場合はさまざまな関係機関につなぎます。緊急を要する場合には経済的支援（現物支給）を行います。この事業では地域住民向けに、中間的就労（ユニバーサル就労）も行います。これは、一般的な職業に就く「一般就労」をただちに目指すのが困難な人が、本格的な就労に向けた準備段階として、公的支援も受けながら、日常生活での自立や社会参加のために働くことができる就労機会のことです。当法人では、身寄りがなく児童養護施設で育った知的障害の10代の男性や、統合失調症で幻聴等の精神障害を抱える20代女性などを他の職員と同額の賃金を支払って雇用し、心理職が機能面の支援や心理面接を並行しつつ、本人のスキルアップや一般就職を目指しています。

これらのコミュニティに則したアプローチは、なじみの地域だけではなく、被災地支援（東日本大震災や熊本地震など）にも応用ができます。仮設住宅の個別訪問、井戸端会議を応用したグループ回想法、大阪名物のたこ焼き作りをテーマにした井戸端サロン、地元の歌を用いた音楽療法教室など、たとえ初めて訪れる土地であっても、心理職の地域臨床として社会に役立てることを実践し続けていく必要があると実感しています。

これらの実績を踏まえて、多職種連携の中での心理職の強みとして3点を挙げます。①鋭い観察力と細かい分析力を生かした認知機能のアセスメントができる。②身体介助が中心の介護職とは異なる人的資源として、誰にでも丁寧なコミュニケーションができる。③現場で求められるニーズを具体的なアイデアに昇華する手伝いをしつつ、生活支援への工夫ができる。

そして、高齢者領域の「理想の10年後」を考えてみます。第1のステップは「知る」＝高齢者というフィールドへの参入を促すこと。病院や学校以外に、福祉施設・介護施設という働き場所に気づいてもらう。大学、大学院と連携し、施設実習・地域臨床の充実を図る。第2のステップは「育てる」＝実働ができる心理専門職の養成。高齢者を対象に心理検査やアセスメントのできる人材の養成を行い、介護士や看護師とは異なる専門性（面接、検査、グループワーク）を発揮できる技能を養う。そして、第3のステップは

「増える」＝介護施設に心理職の配置。公認心理師などの国家資格を有し、介護施設にて他職種と協力して専門性を発揮する。消極的な「待つ」という姿勢ではなく、相手に沿った生活支援で「動く」ことができる心理職を現場に増やしていきたいと考えています。

あらためて、介護施設と社会福祉法人における自助努力の及ばないところに発生する全ての生活問題に対して支援することを理念としています。そして、福祉施設は地域の共同利用施設という考え方を再認識する必要があり、福祉施設の人的資源、物的資源は地域に活用されるべきであり、その運用を図ることが法人に求められています。

今後も生活に即した介護施設というフィールドをより多くの人に知っていただきながら、援助職が行えるアプローチの具体例を発信し、高齢者の介護領域で活躍できる援助職の育成の一助を担っていきたいと思います。

序章-2
潤脳チャレンジとは

認知機能障害は器質性の障害のため、一度障害されると治ることはないと言われてきました。確かに損傷された脳部位は治りませんが、人間関係の構築を土台にして、思い考える環境を整え、規則正しい生活リズムが確立されると、脳の代替作用が活性化され、記憶力（記銘力や記憶の保持、再生等）や実行機能等の認知機能が改善されることが私たちの取り組みで分かってきました。そこで、ケアのあり方を認知機能の視点から実践すべきだと気づきました。

〈私たちが目指すケア〉

（1）規則正しい生活リズムを確立する

日中の活動（日光を浴びる、運動する）と夜間の良い睡眠が、生活リズムを整えて、健康な心身を維持することに繋がる。

（2）一日の生活の中で、思う、考える時間をつくる

集中して短時間のアクティビティ（潤脳チャレンジなどの思考活動）を実施する。
生活行為を自分で判断できる環境（人的環境、物理的環境）を整える。

（3）人間関係の構築を図る

小集団の中での利用者同士の良好な人間関係をサポートする。
利用者に認められる援助職になる。

規則正しい生活を送っていく中で、ほぼ毎日、30 分間位、「読み・書き・計算（潤脳チャレンジ)」を行い、思い、考える時間を確保し、潤脳チャレンジを継続していくと共に、毎日の運動を生活習慣として確立することが重要です。

半年、一年と継続されるその先に、認知症を患った高齢者と、人間関係が構築された援助職からの促し効果により、認知症の進行や認知機能障害の軽減される様子がうかがえます。そして同様に、BPSD（認知症の周辺症状）の減少にも繋がっていくのです。脳を使い、脳が刺激を受けることを毎日、毎日の生活の中に取り入れることで、認知機能が改善されることが潤脳チャレンジ研究で見えてきています。

本書で強調したいことは、上述した３項目が非常に大切であり、その要因を満たした人達の認知機能の改善の傾向が顕著であったことです。

最低でも６ヶ月位経過すると、認知機能（短期記憶等）に変化が見られてきます。と同時に表情の変化も現れてきます。

少人数の高齢者（利用者）に対してなじみの公認心理師・ケアワーカーが、“使い続けて脳が潤う”いわゆる潤脳チャレンジを継続実施していく中で、はじめて認知機能再生の一端が垣間見えて、発見出来る形になるのです。

高齢者が、自分自身で思ったことが成し遂げられる（促し等の援助を要しますが）に結び付いてこそ自立支援と言えるのではないでしょうか。

潤脳チャレンジとは、社会福祉法人みささぎ会と武田雅俊名誉教授を始めとした大阪大学大学院医学系研究科精神医学教室の医師の先生方と考案・作成した教材のことです。読み・書き・計算を含む認知トレーニング活動の一環として平成 18 年度から施設での実践研究をベースに仕上げた教材で、単なるドリル形式の教材ではなく、高齢者が経験されてきた体験記憶を活用しつつ、現在の日常生活に還元できるように配慮したものです。教材は大きく分けると、以下の３種類があります（153 頁～155 頁）。

（a）お楽しみ家計簿：料理や買い物、旅行や散歩などをテーマにして、必要な材料や金額を考えながら、目標に沿って手順を組み立ててゆく教材です。

（b）マス計算術：縦と横に配置されたマス目の中に、１列目に書かれた数字同士を組み合わせて計算してゆく教材です。視空間認知や注意の持続力をテーマにしています。

（c）音読術：昔ながらの本や民話などを盛り込んだ文章を音読してゆく教材です。漢字の読みや方言のイントネーションも含んでいます。

これ以外に（d）創作活動があります。

これらの教材は文字の大きさや計算量の多さなど、対象者の生活歴や能力に応じて、さまざまなバージョンがあります。いわばオーダーメイド式に作成された教材を５人から６人の小グループを基本として、専属のスタッフがファシリテーターとして相互作用や配慮した環境の中で行うのが潤脳チャレンジです（第７章 150 頁～155 頁参照）。

第1章 高齢者と関わる専門職として目指す姿勢

1. できることの喜びを共感しましょう

「認知症の方は自分の世界があり、コミュニケーションが取りにくい」「自分の思いを言葉で表現できないので、問題行動が出現してしまう」「相手の行動を待つことは大切だと思うが、時間がなく、ついついこちら（支援者側）から誘導してしまう」、人としての尊厳を尊重する気持ちはあっても、日々の介護の中で私たちはいつの間にか「自分たちが行っていることは正しい」と利用者の生活から《考えること、思うこと》を奪った介護をしているのではないでしょうか。

高齢者の方々は年をとるごとに、四つの苦（病苦、貧苦、無為苦、孤独苦）を気にすることが多くなります（図 1-1)。《ケア》とは、生きがいを感じていただけるような支援をすることではないでしょうか。

私たちの介護の視点を、《できなかったことができるようになった》という体験を通し、共にできた喜びを感じ、共に達成感を感じながら、共に《楽(たのし)》の生活に変えて、笑い合おうではありませんか。

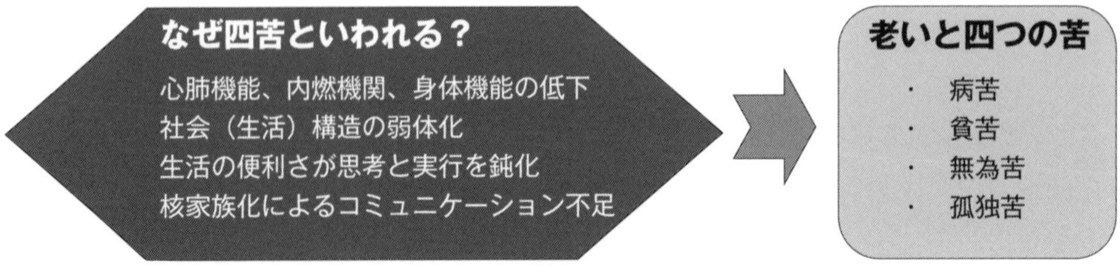

なぜ四苦といわれる？
心肺機能、内燃機関、身体機能の低下
社会（生活）構造の弱体化
生活の便利さが思考と実行を鈍化
核家族化によるコミュニケーション不足

老いと四つの苦
- 病苦
- 貧苦
- 無為苦
- 孤独苦

図 1-1

高齢者（特に認知症の方々に対して）の支援として、日常生活における行為の場面に即した具体的な認知機能の理解と活用（失われたように思われている能力の再生）により、生活行為が何か一つでもできるようになった《失行から実行へ》の喜びを高齢者と支援者で共感し合いましょう。

認知症の方、認知機能障害の方は、生活行為が自己自立することがほとんどかなわないのが実状です。そのような方達に少しでも、一つでも何か「できた」「解った」は前向きな生活指向をもたらすものです。

例えば、トイレの場所が分からずに失禁してしまう方の場合、失敗により、自尊心や羞恥心などが傷ついていると考えられます。

共感するとは、この時の相手の萎えた気持ち、「ダメになった」「恥ずかしい」などの気持ちを受け止めたうえで、相手の向上心、「まだまだやれる」「頑張ればできる」などを引き出し、達成感へと結びつけるための努力が必要です。

この事例では、排泄は生命維持のためには必要不可欠な行為であり、たとえ失禁であったとしても、排泄できたことそのものを「出て良かったね」と言葉をかけ、喜び・共感することが何よりも大切です。加えて、高齢者の排泄行為については自立していく過程における日々のケアを通して、できることの喜びを共感していくことが大切です。

共感の繰り返し、継続が、結果として、支援者が高齢者（認知症の方）に認めていただける存在になるのです。

2. 求められる専門職像

介護に携わる専門職として、特に認知機能の低下（障害）された方への対応として求められる専門性とは何なのでしょうか。介護とは人と人との関係作りなので、最終的にはその個人の資質が問われます。自らの資質を磨き、自己を高めるためにも次の五つを意識した専門職になるよう心がけましょう。

認知症の高齢者はスタッフの名前を覚える（記憶力）のは困難ですが、あなたとの相互関係における体験を通して感じた感情や想いは残ります。《信頼できる》《一緒にいると安心できる》などと認められる人になりましょう。対象者と真剣に対峙することが肝要です。

（1）常に笑顔で接する人に

認知症の高齢者は、認知機能の低下や実行機能の低下から生じるスランプ（一時的な心身の不調）を感じながら、時には苦悩しながら生活を送っています。

私たち支援者は常に笑顔で接しながら、尊重し合い、話し合い、楽しみ合い、喜び合い、時には悲しみや苦しみを受け止められるようになりましょう。そのためには心に余裕を持ち、心にも笑顔を持てる人になりましょう。

（2）観察から何を求めているか解る人に

認知症の高齢者は、認知機能の低下により、自分の思いや身体の不調を言葉にできず、仕草や表情の変化でサインを送っておられることがよくあります。例えば、ケアワーカーの手を握りにくるとトイレに行きたいサインである等です。
《いつもと違う》《何かおかしい》等、日常生活の様子を観察し、その人のサインの意味が解る人になりましょう。

（3）共感（同調）できる人に

いつもはじっとしている人が、今日は着衣時に片袖だけ腕を通してくれた。いつもは自分で食べない人が、今日は少しだけ自分でスプーンを口に運んでくれた。そんな小さな《できた事》を一緒になって喜び合える。そのような支援者になりましょう。

（4）自己抑制できる人に

認知症高齢者の方の介護への激しい拒否や興奮等、時には支援者の笑顔が消えてしまうような状況に陥ることも日々の介護ではよくあります。そういう時にも冷静な対応ができる支援者になりましょう。できない時は無理をせずにその場から離れ、他の支援者に交代してもらいましょう。

（5）伝達は簡潔にできる人に

認知症の高齢者は、認知機能の低下のため、一度にいろいろな内容の話を聞いても理解できません。大事なことだけを簡潔に、相手に伝えられる支援者になりましょう。

まだまだ他の要素が必要になると思いますが、必要不可欠な要素を上記に簡潔に挙げてみました。

3.　使い続けて脳が潤う

《老いに馴染みながら元気に年を重ねる》、誰もが望む自身の将来の姿ですが、実現するには難しいテーマです。元気に老いるには、元気な身体だけでなく、自分の思いや考えをしっかり伝え、実行していくために、脳の機能も共に維持できなければ実現は難しいのです。

私たちが自立して日常生活を行っていくには、まず、自分と他者との関係を理解することが必要です。一緒に住んでいる家族、そうでない家族、親類、近所の人等、それぞれの立場の違いによって、注意して言動を変えていかなければなりません。また、自分と物との関係においても、同様のことが言えます。視覚や聴覚等、五感から入ってきた情報を下に、その物がどこにあるかという位置関係や、その物がどんな特徴を持っているかという、物の把握ができてはじめて、私たちは物を使いこなしていくことができます。こうして私たちは、意識する・しないにかかわらず、注意力・判断力・記憶力・視空間認知・実行機能等の認知機能を活用して、日々の生活を営んでいます。しかし、高齢になると、加齢に伴ってもの忘れが多くなる、あるいは認知症を発症することによって、認知機能が低下し、生活に支障を来たすようになってきます。

以前所属していた研究所では、高齢者であっても脳機能、特に認知機能の維持を図ることができないかどうか、３年間の研究を行い、以下の傾向を見出すことができました。

潤脳チャレンジ活動として、考える（集中して）時間を毎日、または週に５日、１回が 30 分程度の時間を確保し、読み・書き・計算等、いわゆる脳の機能を使い、刺激を与えることで記憶力（短期記憶も）、理解力等の認知機能の維持・改善傾向にあることが、近年の研究により実証されました。

小グループ（２人～４人）の利用者に対して、１人または２人の支援者が会話等を交えて、読み・書き・計算を促すことで、人間関係の構築も図られました。

人間関係が良好な方々の認知機能の維持・改善は人間関係が希薄だった方々との比較では、その改善の傾向は大でした。

大グループ（５人～８人）で活動した対象者との比較でも、小グループの方達の方が改善傾向にあることも分かりました。ただし、人間関係（対象者と支援者）は容易に築かれたのではありません。会う回数も重要ですが、回数だけでは支援者が支援対象者に認めていただくことは難しいと思われます。そこには支援者の並々ならぬ努力が必要なのです。

また、生活リズムを整えること、すなわち、一定した入眠と覚醒による安定した睡眠時間を確保すること、早朝に太陽光を浴び、適度な運動をすることで、体内リズムをきちんと働かせる等を実践していくと、学習活動との相乗効果をもたらし、より認知機能の活性化に繋がることも研究成果として見えてきました。

このように、潤脳チャレンジ活動により、集中して思考する、小グループでの人間関係を構築するということが、特に、注意力や記憶力・実行機能という生活行為に欠かせない認知機能を改善させ、生活能力を高めていくことが実証されたのです。

そこで、これらを踏まえた上で、私達が行っている認知症ケアを振り返ってみました。

グループホームの潤脳チャレンジ活動を行っていただいている方の中で、トイレや自室が分からなかった方に、繰り返し、優しく丁寧に場所を伝えていくと、一人でトイレに行き、一人で自室に戻れるようになりました。また、着衣のできなかった方に、衣類に目印をつけて認識してもらい、繰り返し促していくことで、更衣失行だった方が一人で着られるようになりました。

グループホームという限られた環境ですが、小グループの利用者に対して接触回数の多いスタッフが人間関係を構築し、利用者に認められたことで、できなかったことでも繰り返し指示されることを理解するという促し効果が発揮されたと考えられます。失行（手や足など運動を行う体の器官である運動器に異常がないのに従来できた一連の動作を行う機能が低下すること）状態だった方が行為の実行に繋がったのです。

日常の生活行為を使われている認知機能の視点から見てみると、対象者が何に困り、戸惑っているのか、それに対してどんなケアを行えば良いのか、より明確に見えてくるのが分かります。

BPSD、いわゆる問題行動としてとらえられている行動も認知機能の視点から考えると、その場の対応に加えて、今後のケアのあり方も違う視点が考えることができます。潤脳チャレンジ活動を通して、認知機能に着眼したことがあらためて自分達の行ってきたケアのあり方を検証し、問い直すきっかけとなりました。

一部の行為についてではありますが、認知機能の視点に立って模索したケアのあり方に基づいた具体策を、第２章でいくつか後述してみます。

第2章 認知機能と認知症

1. 認知機能とは

認知機能とは、五感（視覚・聴覚・触覚・嗅覚・味覚）を通じて外部から入ってきた情報を、理解力を基盤にして物事や自分の置かれている状況を認識したり、言葉を自由に使ったり、計算したり、記憶したり、学習したり、問題解決のために深く考えたりといった、いわば人の知的機能を総称した概念です。その中でも認知症に最も関わりのある機能のうちの一つである記憶力について、以下表 2-1 にまとめました。

表 2-1

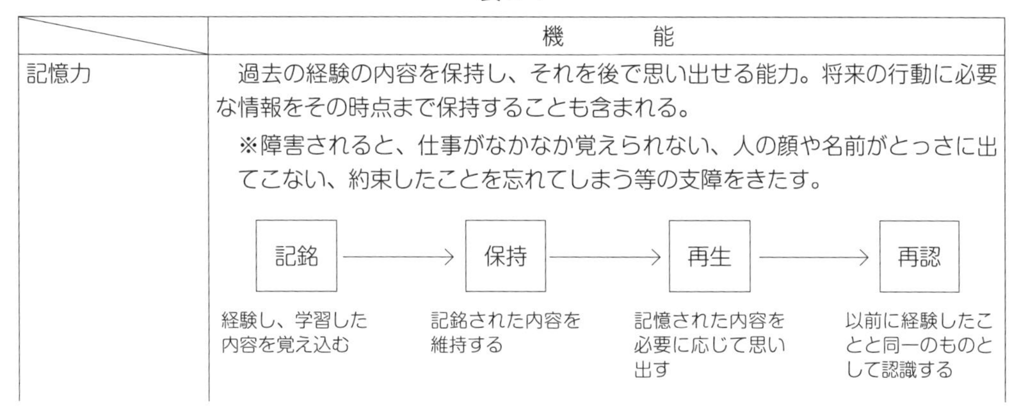

	機　能
記憶力	過去の経験の内容を保持し、それを後で思い出せる能力。将来の行動に必要な情報をその時点まで保持することも含まれる。 ※障害されると、仕事がなかなか覚えられない、人の顔や名前がとっさに出てこない、約束したことを忘れてしまう等の支障をきたす。 記銘 → 保持 → 再生 → 再認 記銘：経験し、学習した内容を覚え込む 保持：記銘された内容を維持する 再生：記憶された内容を必要に応じて思い出す 再認：以前に経験したことと同一のものとして認識する

表 2-1（つづき）

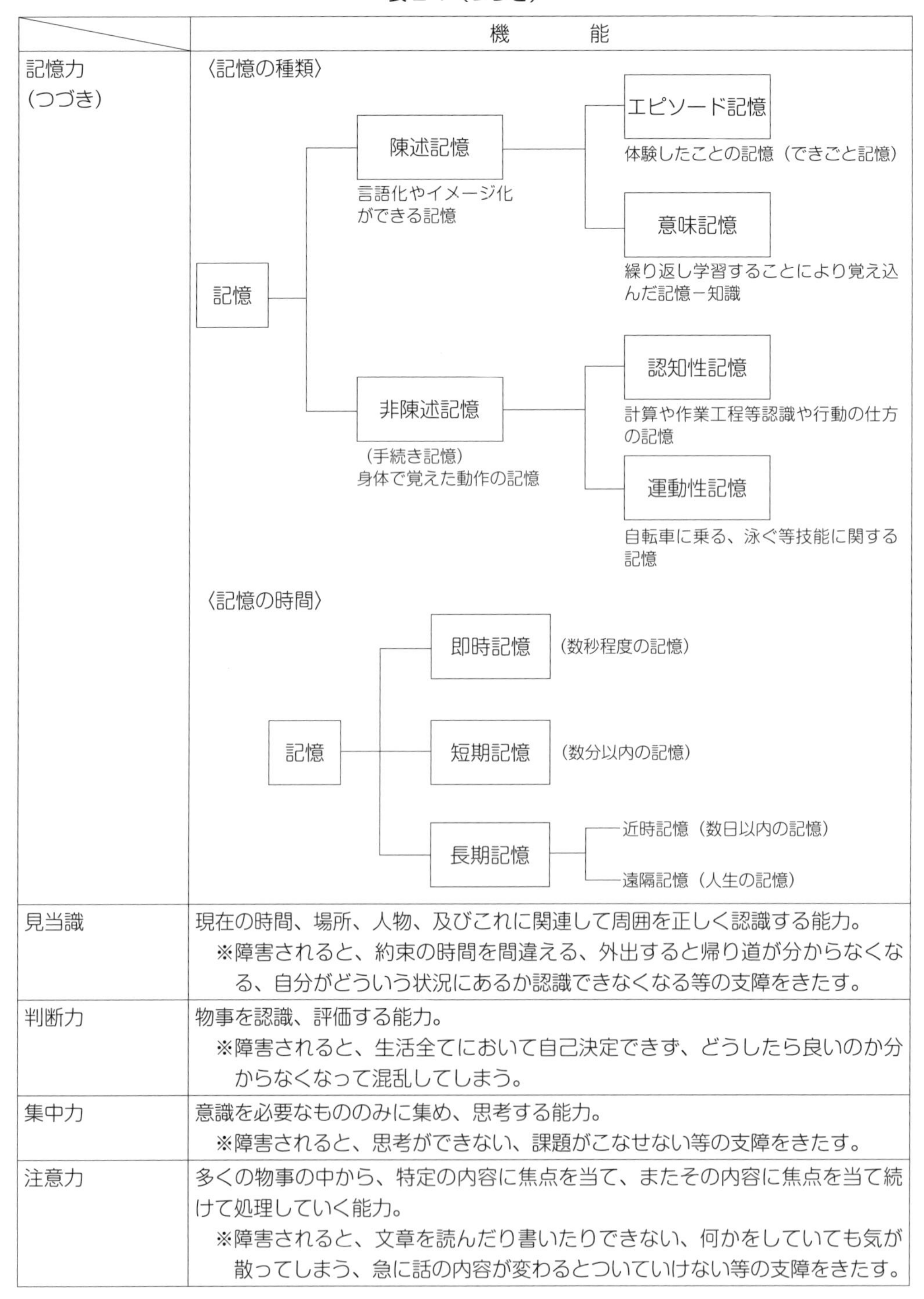

	機　　　能
記憶力 （つづき）	〈記憶の種類〉 記憶 陳述記憶　言語化やイメージ化ができる記憶 エピソード記憶　体験したことの記憶（できごと記憶） 意味記憶　繰り返し学習することにより覚え込んだ記憶－知識 非陳述記憶　（手続き記憶）身体で覚えた動作の記憶 認知性記憶　計算や作業工程等認識や行動の仕方の記憶 運動性記憶　自転車に乗る、泳ぐ等技能に関する記憶 〈記憶の時間〉 記憶 即時記憶　（数秒程度の記憶） 短期記憶　（数分以内の記憶） 長期記憶 近時記憶（数日以内の記憶） 遠隔記憶（人生の記憶）
見当識	現在の時間、場所、人物、及びこれに関連して周囲を正しく認識する能力。 ※障害されると、約束の時間を間違える、外出すると帰り道が分からなくなる、自分がどういう状況にあるか認識できなくなる等の支障をきたす。
判断力	物事を認識、評価する能力。 ※障害されると、生活全てにおいて自己決定できず、どうしたら良いのか分からなくなって混乱してしまう。
集中力	意識を必要なもののみに集め、思考する能力。 ※障害されると、思考ができない、課題がこなせない等の支障をきたす。
注意力	多くの物事の中から、特定の内容に焦点を当て、またその内容に焦点を当て続けて処理していく能力。 ※障害されると、文章を読んだり書いたりできない、何かをしていても気が散ってしまう、急に話の内容が変わるとついていけない等の支障をきたす。

表 2-1（つづき）

	機　　能
実行機能	目標設定、計画の立案、目標に向かって計画を実行する、複数の行動を効果的に並行して行う等を実行する能力。 ※障害されると、買い物や一連の調理ができない、計画を立てて旅行に行くことができない等、計画的に行動することができなくなる。
視空間認知	空間または拡がりを、視覚、聴覚、触覚、運動感覚等の感覚系を通して知覚する能力。方向、位置、大小、形状、奥行き、高低、距離の諸側面が含まれている。 ※障害されると、段差や起伏が分からず、つまずいたり、転倒しやすくなる、また物によくぶつかる、あるいは、地図を描いたり、道順を教えたりすることができない等の支障をきたす。
認知機能障害失語	言いたい言葉がすぐに思い出せず、「あれ」「それ」等、指示語が多くなったり、言われた言葉がすぐに理解できなかったりすることにより起こる。会話の中にいくつもの要素が含まれていると記憶できないため、誤って理解したり、抜けてしまったりする。
認知機能障害失行	運動機能障害がなく、何に使うものか分かっているにもかかわらず、目的の行動が取れない状態をいう。 衣類が正しく着られない（更衣失行）、箸やスプーンを使って食せない（食の失行）、ハサミが使えない（観念失行）、積木やパズルを組み立てられない（構成失行）等がある。
認知機能障害失認	感覚機能障害はないのに、物体を正しく認識できない、見た物、触った物等が何か分からない状態をいう。

2.　認知症の種類

アルツハイマー型認知症（Alzheimer's Disease：AD）：進行とともに脳に萎縮が見られる変性性の疾患で、記憶障害から、症状の進行に従って運動障害等の身体症状が現れ、やがて寝たきりの状態になる。アルツハイマー型認知症は、脳血管性認知症と重複している場合が多い。

人や物の名前が出てこない（あの人、アレなど代名詞で話す）

さっきお隣さんが**アレ**を持って来てくれたよ

大事なもの（財布、通帳、保険証）を片付けた場所が分からなくなる

あれ？私の**通帳**を**どこ**にやったんだい？誰か盗んだ！？

時間や場所や人物の見当識が分からなくなる

深夜3時やのに、今からどこに行くの？

お世話になりました。家に帰らせてもらいます！

〈主な特徴〉

・前駆的：まだアルツハイマー型認知症とは診断できないが、客観的に見てその人らしさが無くなり、複雑な作業の能力が落ちる。

・初　期：記憶の障害と判断力の障害が現れる。
判断力の低下の為、元々の性格が極端な形で出てくる。

・中　期：個性が失われ、人格が平板化してくる。
自己に対しても無関心になり、身だしなみや衛生管理等が不十分になる。又、他人の物に触れたり、汚れた衣類をしまい込んだりすることもある。
失語、失行、失認等の中核症状や徘徊、異食等の周辺症状が出現してくる。

・後　期：神経症状が現れる。歩行不安定や転倒、言語機能の障害、さらには意思疎通が困難になり、やがて寝たきりの状態になる。

レビー小体型認知症（Dementia with Lewy bodies：DLB）：アルツハイマー型と同様、変性疾患であるが、記憶の障害は比較的軽度である。特に、幻視や妄想等、視覚に関する症状とパーキンソン症状が特徴的である。

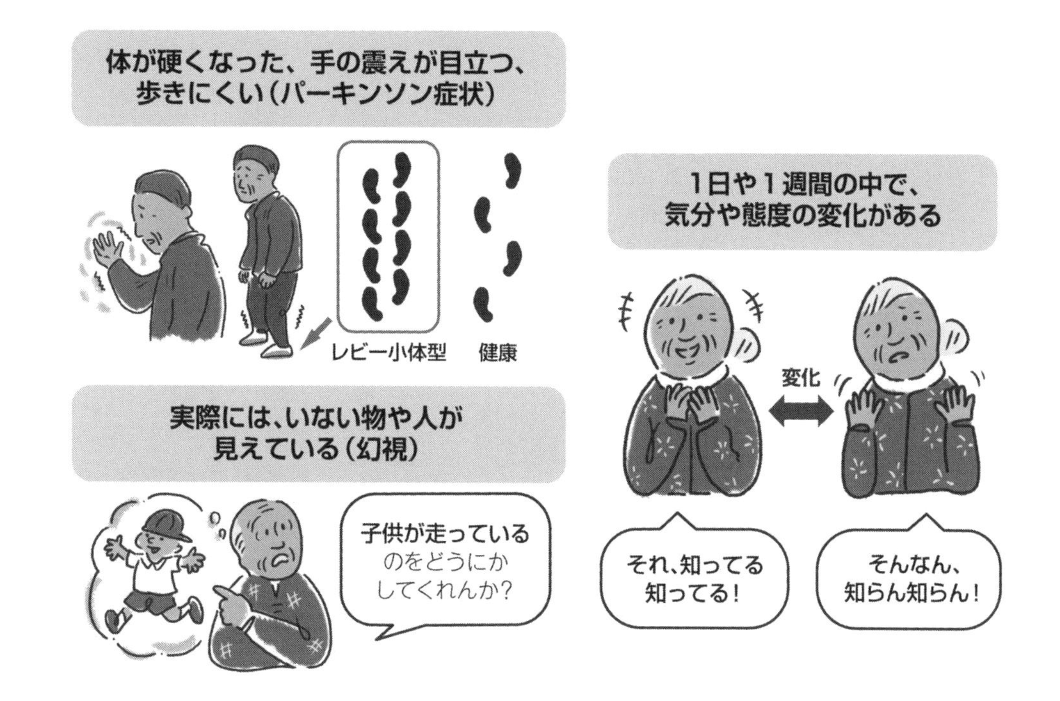

〈主な特徴〉
・幻　視：単に「人がいるように感じる」という思い込みではなく、とても生々しく見える。
・運動機能障害：
　　歩きにくい、動きがぎこちない、手が不器用になる等のパーキンソニズムが見られる。
・日内変動が激しい：
　　一日の中で病状が大きく変動する。

前頭側頭型認知症（Frontotemporal Dementia：FTD）：アルツハイマー型認知症と同様、変性疾患であるが、脳の中でも前頭葉や側頭葉に限定した萎縮が見られる。アルツハイマー型よりも若い年齢で発症することが多い。症状によって、ピック病（社会的逸脱行為や人格の異常が早期より出現する）、進行性非流暢性失語（言葉を流暢に発することができなくなる）、意味性認知症（言葉の意味が分からなくなる）に分類される。

〈主な特徴〉

・人格変化：自己中心的。相手の気持ちに無頓着で、行動への抑制が利かない。
　　　　　　服装等にだらしなさが目立つ。

・反社会的行為：
　　　　　　他人の物を勝手に使う。欲動的な行動がみられる。

・常同行動：時刻表的な生活パターン
　　　　　　例えば、毎日同じ時刻に外に出、同じコースを散歩する等。初期には道に迷うことは少ない。

・特殊な言語障害：
　　　　　　言葉や知識そのものが障害される。徐々に言葉数が少なくなり、やがて発語が無くなる。

脳血管性認知症：高血圧や糖尿病等の生活習慣病をきっかけに、脳血管の動脈硬化が進行して脳梗塞や脳内出血を起こし、認知症症状が出現する。生活習慣病の予防を行うことにより、予防が可能。脳血管性認知症はその他の認知症と重複している場合が多い。

〈主な特徴〉

・障害された部位によって、症状が異なる。
　めまい、しびれ、言語障害、半身麻痺　等

・急性発症し、発症を繰り返す毎に階段状に悪化する。

・人格は比較的保持される。喜怒哀楽が激しく感情失禁がみられる。

3. 治る可能性のある認知症

特発性正常圧水頭症とは、脳の中にある脳室という部位に髄液が過剰に溜まり、脳室が拡大することにより、認知症、歩行障害、尿失禁を呈する疾患。シャント術という脳外科手術によって治療が可能。

〈主な症状〉

・認知機能障害：集中力が低下し、呼び掛けに対しても反応が悪くなる。意欲や自発性も低下する。

・歩行障害：つまずきやすくなる。小刻み歩行、開脚歩行、すり足歩行等がみられ、起立時や方向変換時に転倒しやすい。

・尿失禁：トイレが近くなり間に合わなくなる。

・慢性硬膜下血腫：頭部の打撲により、数週間から数ケ月して、しだいに脳の硬膜下に血液成分が貯留し、脳を圧迫することによって生じる。頭部打撲の既往がはっきりしないこともある。脳外科的処置により治療が可能。

〈主な症状〉

・ぼんやりしている、眠りがち等、活動力が低下している。

・１～３ヶ月後、頭痛、吐き気、嘔吐等の症状が現れる。

・進行すると、片麻痺、言語障害、尿・便失禁を生じる。

・記憶障害等、認知症症状が出現してくる。

4.　各認知症の特徴と経過（A. アルツハイマー型、B. レビー小体型、C. 前頭側頭型）

A. アルツハイマー型認知症（AD）の経過

この認知症は、ほとんど物忘れが初期症状として出現します。生活は普通にできているのに、物忘れだけが出現し、徐々に仕事に支障が出始めます。本人がまず気付くことが多く、同時に不安も感じ始めますが、取り繕うことができるために御家族が気付くのは生活上のトラブルが繰り返されるようになってからです。初期の頃から、ユマニチュード（フランス生まれの認知症ケアのやり方の一つ）の態度で接していくと、情緒の安定に繋がり、症状の進行も穏やかになります。

前駆的時期の変化

[○＝心理的変化、●＝身体機能の変化、◎＝認知機能の変化、◉＝ BPSD（周辺症状）の変化]

○不安になる

＊なぜだか分からないが他の人が自分を見ているときの表情がおかしい。

＊聞いた覚えがないのに、忘れていると言われる。

○取り繕いをする

＊相手の話を覚えていないが、話を合わせようとして作り話をする。

◎物忘れが徐々に出現する（記憶障害）

＊相手との約束を忘れて、後でトラブルになった（自分では約束をした覚えがない）。

＊老人会の役をしていて、預かった書類をなくしてしまった。

本人から口に出すことは少ないが、健康なときとは違う状態にあることを気付いている。同時にそれを認めたくない気持ちも強くあって、周囲からの指摘や叱責には過剰に反応しがちになる

▶失敗をされても間違いを指摘して正そうとせず、さりげなく伝える程度に留める（目を見てにこやかに対応）。

▶面倒がらずに話を聞き、できるだけ丁寧に対応するように努める

（作り話を咎めることは、余計に不安を募らせ、症状の進行を早めることもある）

初期の変化

［○＝心理的変化、●＝身体機能の変化、◎＝認知機能の変化、◉＝ BPSD の変化］

○**取り繕う場面が頻繁**になり、作話が多くなる。また、作話であることが家人にも分かるようになる。

○人により、うつ症状が出る。

◎**物忘れが進行**し、日常生活に支障が出てくる。（**記憶障害**）

＊簡単な買い物はできるが、同じものを買って来ることがある。

◎時間の管理ができなくなる。（**見当識障害**）

＊法事など、大事な予定を忘れる。

＊約束の時間を忘れる、又は勘違いをする。

◎よく忘れるようになったので、自分でメモを書く。それを見て思い出すことができる。

◎服薬の管理を自分でしているが、時々飲み忘れがあり、残量が多くなったりする。

◎物事を段取り立ててできない。（**遂行機能障害**）

＊並行して調理ができず、途中で混乱する。

＊ひとつずつの調理はできるが、煮魚をしながら味噌汁を作ると次の作業が分からなくなる。

◎財布の中の少額のお金は管理できるが、生活費を出金する等、通帳の管理ができなくなる。

＊できていた ATM の操作が分からなくなる（**注意力・判断力障害**）

◎時折、道に迷うことがあり、近隣の方に連れて帰って来られたことがある。（**視空間認知障害**）

◉失禁してしまった衣類を羞恥心から一旦箪笥に隠す。

＊後で洗濯するつもりが忘れてしまう。

対応の例

▶物の置き場所を決め、目に付きやすいようにする。

▶身近に**メモ用紙と鉛筆**を置いておき、大事なことはメモし、決まった所に貼る習慣を付ける。
（初めの頃は、家族が一緒に確認すると、習慣化できる）

▶大事な予定は、メモを見ながら、何回も一緒に確認する。
（互いに初めてメモを見るような気持ちで確認し合う。

▶今日は何の日か知ってる？、などと、試すようなことは言わない。
（作り話は覚えていないことへの不安の表れであったり、馬鹿にされたくないというプライドが言わせていることなので、肯定も否定もせず、**相槌**を打ちながら落ち着いて聞くようにする。「嘘ばっかり！」と叱ることは逆効果である。話を聞いてくれ

るという安心感を持ってもらい、気持ちの安定を図ることが症状の進行を遅らせることに繋がる）

▶薬の管理は自分でされていても、残量確認は家族もしておく。
（何ができなくなってきたか、本人の様子をよく見ておく。この頃から複数のことを段取りよくできなくなってくるので、調理であれば、米を炊く、味噌汁を作る等、簡単なことを任せるようにする）

▶入浴中等、本人がいないときに　箪笥内の確認等を行い、戻って来たら、「洗濯するけれど洗うものある？」等さりげなく尋ねる。
（羞恥心は大切な感情。傷つけないような言葉がけを心がける）

▶できればキャッシュカードは預かっておく。

▶**連絡先や帰宅手段を書いたカード**をポケットに入れたりGPS付きの器具を利用する等、もしもの備えも考えておく。
（時折、散歩からの帰宅時間が不規則になったり、どこへ行ってきたか尋ねてもはっきりした答えが返ってこなかったりするときなどは、一度あとを付けて行って、迷っていないか確認する方が良い）

中期の変化

［○＝心理的変化、●＝身体機能の変化、◎＝認知機能の変化、◉＝BPSDの変化］

○できていたことができなくなってきたので、何がどうなっているのか分からずますます不安が募り、時々パニックになったり、逆に何もする気が起きなくなったりする場合がある。

○人によっては、認知機能の低下により感情のコントロールができず（がまんできない）、そのときの**感情のままに意思表示**をする。

●**歩行が不安定**になり、つまずいたり転倒することが多くなる。
（転倒により骨折、入院することも何度か起こってくる）

●トイレには行くが下衣類を脱ぐまでにトイレや下着を汚してしまう。

●排泄の感覚がなく**常に失禁状態**になる。

◎書いたメモをなくしてしまうことが多くなる。（**記憶・注意力障害**）

◎物忘れが激しくなり、絶えず探し物をしている。

◎調理が一人でできない。（**記憶・遂行機能障害**）
　＊調理方法を忘れる。
　＊味噌汁の味噌を入れ忘れる等、味付けがおかしくなる。

◎時間や場所が分からなくなることが増える。（**見当識障害**）
　＊季節や場面に合った服を選べない。
　＊人によっては、道に迷うことが多くなる。

◎機械的な物品の使い方が分からなくなる。（**記憶・注意力障害**）
　＊洗濯機や電子レンジの操作が分からない。
　＊リモコンの使い方が分からず、夏に暖房を入れたり、冬に冷房を入れてしまったりする。
　＊水洗トイレの仕組みが分からず、水を流さずに出てくる。
◎日常で使っていた物が正しく使えなくなる。（**失行**）
　＊箸をきちんと持てずに反対に持って食べたり、一本で食べたりする。
　＊衣服を着る順序が分からず、ズボンの上からパンツをはいたり、上着の上からシャツを着たりする。
　＊ハサミ等の道具の使い方が分からない。
◎トイレの場所が分からず、廊下等で漏らしてしまう。
◎便器の使い方が分らず便器の横でしてしまう。
◉今まで楽しんでいた趣味に興味を示さなくなる。（**無為、無関心**）
◉財布をしまった場所を忘れて盗られたと騒ぐなど、一番身近な介護者を犯人にする。（**物盗られ妄想**）
◉人によっては妻や夫が浮気をしていると信じ込むことがある。（**嫉妬妄想**）
◉自宅にいるのに、家に帰ると言って出て行こうとする。
◉何でもないときにイライラしたり、暴言や暴行がみられたりする。
◉信号等の交通ルールが分からず、赤信号や信号のない道路を横切ったりする。（**注意力・判断力障害**）
◉道に迷うことが多くなり、警察に保護されることがある。（**徘徊**）
◉布パンツしかはかずリハビリパンツを嫌がってはいてくれない。
◉便を手で触ったり壁に擦りつけたり、口に入れたりする。（**弄便・異食**）

無為、無関心の一つの理由として、脳の神経細胞が減って、懸命に脳を働かさなければ周りについて行けなくなったことでしんどさから活動が嫌になったことが挙げられる。

▶簡単で**本人が楽しめる**ことを、日課にしてみる。
▶家の周り等、短時間でも一緒に**戸外**に出ると気分が変わる。
（初めは一緒に出掛けることがポイント。一人では長続きしない可能性が高い）
（一日何もしないでいると、傾眠状態が多くなり、やがて、夜間の不眠や昼夜逆転に繋がっていく。それを防ぐためにもできるだけ“一日何もしない”状態にならないように注意する）
▶なくなった物を一緒に探すときは、先に見つけても、本人が見つけられるようにそれとなく誘導する。
（先に見つけてしまうと、やっぱりあんたが盗ったと妄想が強くなってしまう）
（嫉妬妄想の多くは、自分より連れ合いの方が仕事等で社会に出てしっかり活躍し（働い）ており、それに比べて自分は…という寂しさや、嫌われて見捨てられてしまうのではないかという不安が根底にあることが多い）

▶常に声に出して「あなたが居るだけで幸せ」「あなたが一番好きよ」等、恥ずかしがらずに伝えるようにする。また、出かけるときは「○○の用事で□□に行って、△時に戻るから」とはっきりと伝え、**安心してもらうような声かけ**を行う。
（その場合は帰る時間を守る、遅くなるときは何度か途中で頻繁に連絡するようにする）
（妄想状態のときは、本当のことを言っても、本人は受け入れられる状態ではないので、「ごまかしている！」と思って却って関係をこじらせてしまう。面倒でも基本的に自分が置いて行かれることの怖さ故の症状なので、大袈裟でもこまめに声かけをする方が、後々のトラブルを防げることが多い）
（この時期では、本人の記憶の中にいる子どもは自分が懸命に育てていた小さい頃の子どもで、眼前にいる大人になった子どもは家族とは認識できなくなる）

▶（俳優になったつもりで）「今日はもう遅いので、お泊まり下さい」などと声をかけ、寝室に誘ってみる。

▶「こっちにきて、一緒に△△してみませんか」と本人の好きなことで気を逸らす。
（できなくなったことが多くなるのでどうしていいか分からず、そのストレスからの行動と考えられる）

▶興奮が激しいときは、**場を離れて時間を空ける**。落ち着いたら全く別の話題や食事など、何でもなかったかのように接する。
（身体機能の低下で、すり足や小刻み歩行になったり、机やイスの脚などに注意が向かず、つまずいたり転倒したりする）

▶室内では、カーペットの縁をテープなどで止める。室内にあまり物を置かず、動けるスペースを確保する。

▶事故を防ぐため、戸外はなるべく誰かが付き添うようにする。
（時期等は人によってまちまちであるが、この頃になると食事や排泄、着衣等、自身でできていた基本的な日常動作ができなくなり、常に介護が必要になってくる）

▶スプーンやフォーク等を使用する。また、箸を使うときはさりげなく持ち方の修正を行う程度に留め、一緒に食べることで食事の楽しさを感じてもらう。

▶ベッドや布団の上に着る順に並べ、順番に着れば良いように準備しておく。それも難しい時は、順に手渡す介助を行う。
（介護側にとっては、手間が掛かりもどかしく感じるが、できることをしてもらうこ

とが症状の進行を少しでも遅らせることに繋がるので、何が出来、何が出来なくなったかを確認しながらできる方法を考えてみる）
▶**危険なものは側に置かない**ようにする。
（後始末が大変なため、つい叱ってしまうことがあるが、叱っても失敗が減る訳ではない。基本は入浴中などにさりげなく片付けてしまう）
▶脱ぎやすい下着やズボンに変える。
▶トイレの扉に「便所」「ご不浄」等、昔から使い慣れた言葉の紙を貼ってみる。
▶トイレ前の廊下や、便器の周りに、フラットの紙オムツを敷いてみる。この場合は、滑ったりつまずいたりしないように、しっかり固定する。
▶布製のリハビリパンツを活用してみる。陰部の部分にパッドをはめる。
▶パンツ内、オムツ内にかかわらず、排便があったときはすぐに始末をする。
（肛門部に違和感があるために取り除こうと触ってしまうことが多い）
▶パッド・オムツ内に排尿がないときが何度かあれば、定期的に、ポータブルトイレ等に座ってもらうと、うまく排泄できる場合がある。
▶常に失禁状態であるなら、オムツ対応になる。
（この場合、**皮膚かぶれを予防**するため、ケア時には臀部を丁寧に拭く）

後期の変化

［○＝心理的変化、●＝身体機能の変化、◎＝認知機能の変化、◉＝ BPSD の変化］

○人によっては、少しでも家族（主介護者）の姿が見えないと不安になる。
○喜怒哀楽等の感情変化や表情変化が乏しくなる。
○表情変化がさらに乏しくなる。
●歩行が困難になり歩行器や車イス等**補助具**が必要になる。
●水分で**むせる**ことが多くなる。
●常時オムツ使用になる。
●立つことができず、座っている姿勢も保てなくなる。
●一日中、**傾眠**が続き、臥床中心の生活になる。
●頻繁に**誤嚥**してしまうため、食事もミキサー食や流動食になる。
●**誤嚥性肺炎**を起こすことが多くなり、入院の回数が増える。
●**寝たきり**状態になる。
◎見たり触ったりした物が何か分からない。（**失認**）
◎鏡に映った自分の顔がだれか分からず、話しかけたりする。（**見当識・記憶障害**）
◎言葉の数が減り、話せることが限られてくる。ごく簡単な話の内容しか理解できなくなる。（**記憶・注意力障害**）
◎簡単な言葉も理解が難しく、会話が成り立たない。（記憶・注意力障害）

◉すぐに横になったり、ぼんやりしていることが多くなる。（**意欲低下**）

常にそばに居てくれる人は分かるが、他の家族は誰なのかの認識はなくなっていく。また、中期の困らせた問題行動などは少なくなり、急激に身体機能が低下してくる

▶「おはよう」「顔を拭きましょう」等、目線を合わせ、身体に触れながら、笑顔で声かけをする。

▶むせが多くなるようなら、水分には**トロミ**をつけ、食事も柔らかい物に移行する。

▶返事がなくてもできるだけ**声をかける**。

（聴覚は維持していることが多いので、聞こえていないようでも話しかけるようにする）

（日常生活が全介助になる。本人からの要求はほとんどなくなるので、痛み等の苦痛のない穏やかな生活になるように心がける。介護者もヘルパーや訪問入浴等のサービスを利用し、無理をしないようにする）

▶戸外に行くことが無理であれば、カーテンを開けて**日光**を取り入れる。

▶短時間でも窓を開けて、**外気**に触れる。

▶栄養重視というより、**本人の好きな物**を多く取り入れ、食べる楽しみを感じてもらう。

▶痰が絡むようであれば、訪問看護等を利用し、吸引の施行を依頼する。

▶オムツ等で陰部がかぶれたり、全身の皮膚が乾燥してカサカサになることがあるので、適度に**スキンクリーム**等を塗り、痒み等を取り除く。

B. レビー小体型認知症（DLB）の経過

レビー小体型認知症は、大きく三つの特徴的な症状があります。

（1）認知機能の変動

時間や場所、周囲の状況に対する認識や、会話をした際の理解力等は低下していきます。また、一日の中でも認識できるときとできないときの日内変動がみられます。記憶は比較的保たれます。

（2）繰り返し出現する幻視

幻視は実際には存在しないものが見えるという症状で、影のようなぼんやりしたものではなく、立体感のあるリアルな姿が見えます。人や子供が見えたり、猫が走ったりなど動物が見えるという方が多いです。また、幻視は夜間に多くなります。

（3）パーキンソン症状

この症状は、身体や表情が硬くなる、身体の動きが減る、運動がぎこちなくなる、手が震える、姿勢が前傾になる、バランスを崩しやすくなる、小股で歩く、突進して止まれなくなる等、いくつかの運動症状が出現します。

また、立ちくらみや失神、便秘等の自律神経症状が起こることもあります。

そのほかに、妄想（誰かがいる気配がする、家族を偽物と思う、自宅を自分の家ではないと思う等）が出たり、夢遊病のように眠りながら動くこともあり、それらの症状について出される抗精神病薬の副作用が出やすいという特徴もあります。

幻視が強く出るタイプや、**パーキンソン症状**が目立つタイプ等、同じレビー小体型認知症でも人によって症状の出方や進行の速さに**個人差**があるのが、この疾患の大きな特徴と言えます。

経過は、３特徴のどの症状が目立つかによって異なりますが、アルツハイマー型認知症や血管性認知症よりは進行は速く、全経過は 10 年前後とされています。

初期の変化

[○＝心理的変化、●＝身体機能の変化、◎＝認知機能の変化、◉＝ BPSD の変化]

○原因は分からないが、身体の不調を感じる。

○自分には見えるのに人には見えていないので、不思議に思う。

●人により、便秘、嗅覚異常等の訴えがある。（**自律神経症状**）

●立ちくらみ（起立性低血圧）や人によっては失神を起こすことがある。（自律神経症

状）
●睡眠中の行動異常を起こすことがある。（レム睡眠行動障害）
●何でもない所でつまずくことがある。
●時々手が震えたりする。
●身体が少し動きにくくなったと感じる。
◎今まで複数の家事を並行してできていたが、それらの段取りをうまく運べないときがある。（遂行機能障害）
◎時々もの忘れをすることがあるが、生活に支障をきたすほどではない。
◉無い物が見えるときがある。（幻視）

中期の変化

［○＝心理的変化、●＝身体機能の変化、◎＝認知機能の変化、◉＝ BPSD の変化］

○見えたり聞こえたりする内容が人と違うので、不安が大きくなる。
○自分がどうなっているのか分からず、不安になる。
○人の話が分かりにくく、何を言っているのか分からないと思う。
●上記三つの心理状態が徐々にひどくなる。
●服薬剤の効用が際立って現れ、逆に副作用が大きく出ることがある。
●歩行時、前屈みになり歩幅も小股になる。また、突進するように早足になり止まれなくなる。
●身体や表情が硬い。
●顔の表情変化が乏しくなり、仮面のような表情になってくる。
●歩行がうまくいかず、頻回につまずいたり、転倒したりして骨折しやすくなる。そのため、入院回数が増える。
●着替えや入浴、排泄など日常生活動作が自分でできなくなり常に介助が必要になる。
◎一日の中で物事がよく分からないときが時々ある。
◎今日の日付や予定を忘れたり、間違えたりすることが多くなる。
◎人の話が理解しにくい。
◎家事や仕事の手順が分からなくなることが多くなる。
◎一日のうちで、物事が普通に分かるときより、よく分からないときの方が多くなる。
◎意思の疎通が図れない。
◉壁のシミを虫と見間違えたり、ハンガーに掛かった服を人と見間違えたりすることがある。（錯視）
◉聞こえない声や音が聴こえることがある。（幻聴）
◉自分しかいないのに、誰かがいる感じがする。（妄想）
◉幻視・錯視・幻聴等が継続して現れるようになる。しかし、人によってはそれらが現実ではないと分かる人もいる。
◉**幻視**が頻回に出現する。
◉自宅なのに自分の家ではないと言ったり、家族を偽物だと言う等、いろんな妄想がひどくなる。

後期の変化

[○＝心理的変化、●＝身体機能の変化、◎＝認知機能の変化、◉＝ BPSD の変化]

●日常生活に**全面的な介助**が必要になる。
●歩くことができず、車イスでの生活になる。
●頻繁に誤嚥してしまうため、食事も**ミキサー食**や**流動食**になる。
●臥床中心で、一日中、傾眠が続き、**寝たきり**状態となる。
◎物事がほとんど理解できなくなる。
◎ほとんど喋らない。
◉意味不明なことを言う。

C. 前頭側頭型認知症（FTD）の経過

前頭側頭型認知症は、65 歳未満の若年で発病することが多く、若年性認知症の中でも血管性認知症、アルツハイマー型認知症について 3 番目に多い認知症です。この疾患は、気持ちを制御したり思考したりする部位がある前頭葉（おでこ部分の脳）と、言葉を聞いたり、書いたりする部位がある側頭葉（耳付近の脳）に障害が出ます。

三つの特徴的症状があります。

（1）人格の変化

ルールを守ったり、他人に配慮したりすることができなくなります。
周りの状況にかかわらず、自分が思った通りに行動してしまいます。
また、**清潔に無頓着**になり、入浴や着替えをしなくなり、不潔であっても平気になります。

（2）反社会的な行動

他人の家にゴミを捨てたり、人の物を食べたり、店の物を断りなく持って帰るなど、反社会的な行動がみられます。また、交通ルールを無視して赤信号で通過してしまうなど、危険な行動をとる場合もあります。

（3）周回（常同行動）、時刻表行動

毎日同じコースを散歩し、同じ店で同じ物を食べて、同じ道を通って帰って来る（**周回**）、毎日決まった時間に決まった行動をする（時刻表行動）等、こだわりが強くなったりします。
また、それを制止されると、興奮したり暴力をふるったりするなどの BPSD が、初期から目立つこともあります。
初期には物忘れはみられません。また、徐々に物事への興味関心が失われ、趣味をしなくなり、友人に会うこともなくなってきます。
後期になると言葉そのものが話せなくなり、表情の変化もみられなくなって、身体機能が低下していきます。
側頭葉部分に主に障害が出る場合は、言葉の意味が分からなくなったり、話すことができなくなったりするなど、早期から言語に障害が出てきます。

初期の変化

［○＝心理的変化、●＝身体機能の変化、◎＝認知機能の変化、◉＝ BPSD の変化］

○家族や他者への愛情や、親近感を感じなくなる。
○笑顔や表情の豊かだった人が、徐々に乏しくなってくる。
◎手紙等のやり取りができなくなる。
◎パソコンのメールや携帯でのやり取りができなくなる。
◎金銭管理が計画的にできなくなる。
◎毎日、決まった時間に同じコースを散歩する。
◎行動がパターン化し、同時刻に同じ行動をする。
◉止められると興奮したり、暴力をふるったりする。

中期の変化

［○＝心理的変化、●＝身体機能の変化、◎＝認知機能の変化、◉＝ BPSD の変化］

○常にそわそわして落ち着きがなくなる。
○自分が思った通りに行動する。
○馴染みのない場所では、困惑してしまう。
○金銭管理に興味が無くなる。
●甘い物を好むなど、味覚が変化する。
◎自動車の運転に障害が出る。
◎電話が掛けられなくなる。
◎季節に合った服を選べなくなる。
◎普段の家事をしなくなる。
◎買い物ができなくなる。
◎料理ができなくなる。
◎日にちが分からなくなる。
◎現金での支払いができなくなる。
◎簡単な家事をするにも、声かけが必要になる。
◎正しい薬の量が分からなくなる。
◎薬を飲むにも、声かけが必要になる。
◉交通ルールに頓着せず、赤信号でも走ろうとする。
◉入浴や着替えを嫌がる。促すと、興奮したり暴力をふるったりする。
◉服装に頓着せず、着方もだらしなくなる。
◉同じものを食べ続ける。
◉衝動的行動をする。

◉トイレに行こうとしなくなり、服を着たまま排泄をしてしまう。
◉人の食事も、自分の物のように食べてしまう。

後期の変化

[○=心理的変化、●=身体機能の変化、◎=認知機能の変化、◉= BPSD の変化]

●歩くことができず、車椅子での生活になる。
●生活全般に介助が必要になる。
◎ほとんど喋らなくなる。
◎箸、スプーン、フォーク等がうまく使えなくなる。
◉目の前に用意されないと、食事をしようとしなくなる。

終末期の変化

[○=心理的変化、●=身体機能の変化、◎=認知機能の変化、◉= BPSD の変化]

●頻繁に**誤嚥**してしまうため、食事もミキサー食や流動食になる。
●臥床中心で、**傾眠**が続き、寝たきり状態となる。

第3章
生活行為と認知機能

1. 認知機能を活かした介護を実施するために

(1) 高齢者の《思う》《考える》を大切にする

全ての生活行為は思いが原点です。対象者の行動を介護する側が勝手に「△△と思っているに違いない」と決めつけてしまうのではなく、その人の表情、しぐさを感じながら、常に「○○という想いなの？」と聴いて、一緒に思案しましょう。

また、考える能力を奪ってしまうのでなく、五感（視覚、聴覚、触覚、嗅覚、味覚）を活用し、対象者の《考える》機会（場面）を作りましょう。

(2) 繰り返し行う

失われたと思われている能力（機能）を再生するためには、脳の中で、記憶されたものを再生する能力が必要です。認知症の方の多くはこの記憶力と呼ばれる分野の能力低下がみられます。そのため、介護する側が、記憶機能の低下を理解しながら、同じ行動を繰り返し説明し、行うことが大切です。この繰り返しの行為が脳の中で記憶され、再生されることにより、生活行為の維持・改善が可能になるのです。

(3) 身体を動かそう（太陽の光を浴びることも有効）

血行を良好に保ち、筋力等、身体機能の低下を防ぎ、有酸素運動（毎日）を維持することで、認知機能の働きを通して、実行機能を発揮していただくのが大切です。一日の生活

行為のなかに、身体機能の発揮（使う）行為を入れましょう。高齢者の場合、慣れ親しみのあるラジオ体操を活用するのも一つの手段だと思います。

また、高齢者は身体機能の低下や、社会との交流の機会の減少から、屋外に出ることが少なくなっています。身体を動かすことで、身体（運動）機能の活性化へと導き、体内時計の活動維持のためにも、午前中に太陽の光を浴びながら、様々な感覚を刺激しましょう。

（4）アクティビティを重視し、自己表現の機会を作ろう

個人が一人で行う排泄・入浴等の能力維持も大切ですが、生活を前向きに営んでいただくために、言葉や動作で自己を表現してもらうことが大切です。そのため、小グループでのアクティビティを取り入れましょう。介護する側、される側の関係以外に、職員と高齢者、高齢者同士が、共に意識し認め合うことで、人間関係が構築され、自己表現力の発揮へと繋がっていきます。

（5）潤脳チャレンジ活動で脳機能を活性化し、注意力等認知機能を高めよう

毎日（週５日）、短時間（30分程度）で、継続して読み・書き・計算等を集中して行うと、意欲や注意力、短期記憶等が、維持・改善する傾向が高くなります。創作活動でも視空間認知の機能が改善し、位置関係の把握や物の認識等の能力が維持される傾向が高くなっています。

これらの認知機能は、全ての生活行為に欠かせない機能であり、潤脳チャレンジ活動を実施することにより、認知機能が高まっていき、それにより生活全般の向上に繋がっています。

2. 正しいリズムで生活していただきましょう

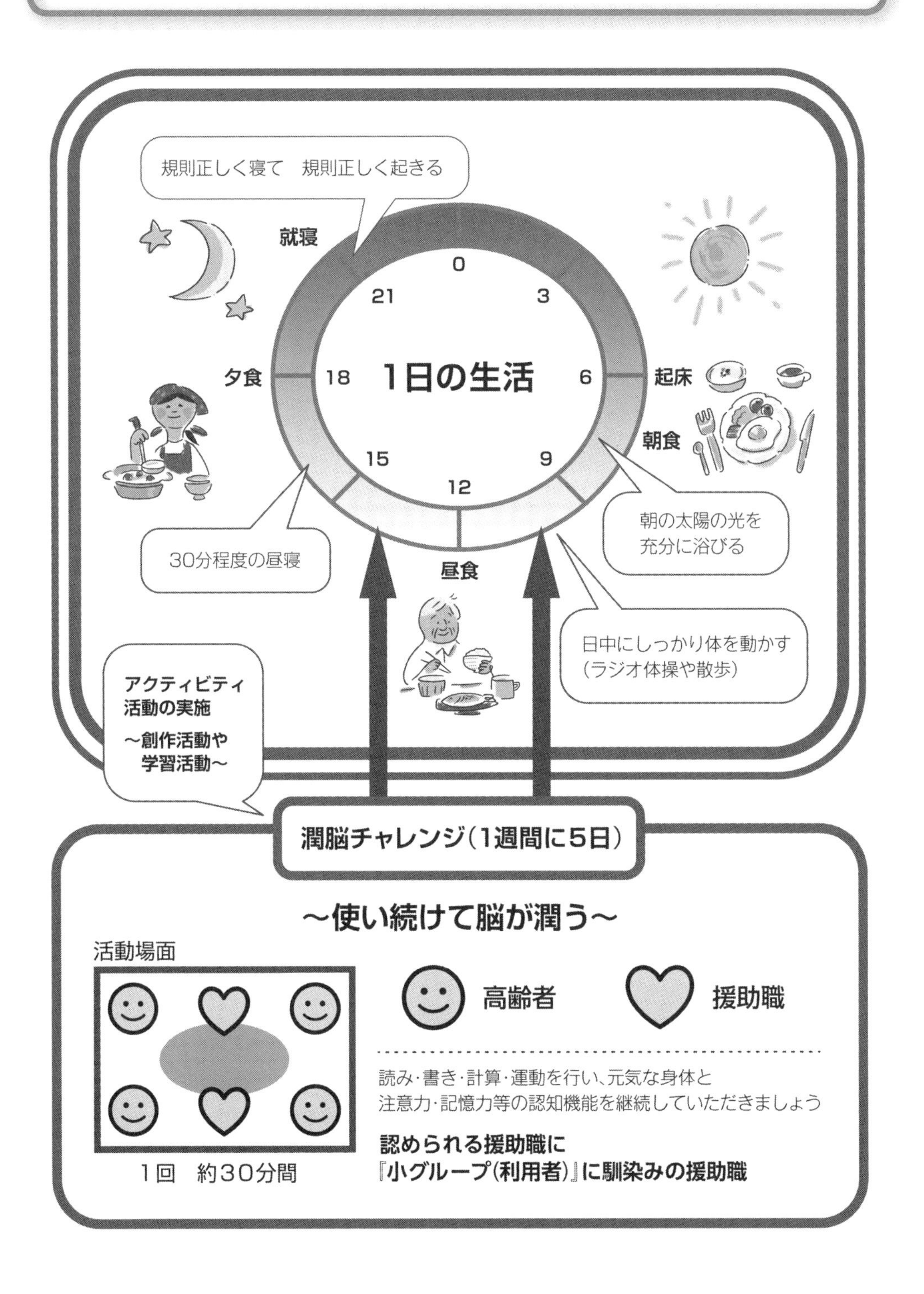

3.　潤脳チャレンジ活動の事例

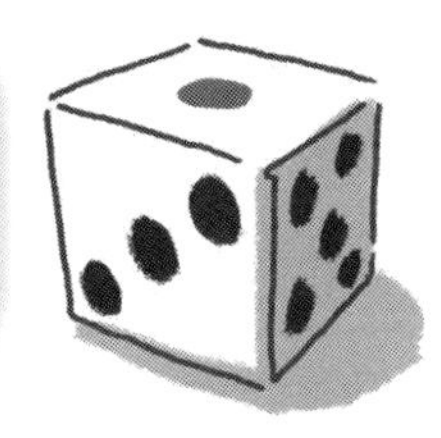

サイコロ展開図を考える（認知機能の活用）

出来上がりのサイコロ（立方体）をイメージする（注意力・視空間認知）
↓ **経験した記憶を再生する（呼び起こす）**
紙に描く（注意力・実行機能・視空間認知）
記憶を基に注意力、視空間認知や実行機能を活用する

⇩

展開図をイメージし、描く（注意力・視空間認知・実行機能）
↓ **経験した記憶を再生する（呼び起こす）**
記憶を基に視空間認知や実行機能を活用する
切って立方体に折る（注意力・視空間認知・実行機能）
↓
経験から接着する為ののりしろが必要なことに気付く
（セロテープでは見栄えが悪いと気付く）（注意力・判断力）

⇩

のりしろ位置を考えて展開図を描く（注意力・視空間認知・実行機能）
↓ **経験した記憶を再生する（呼び起こす）**
記憶を基に注意力、視空間認知や実行機能を活用する
切って立方体に折る（注意力・視空間認知・実行機能）
↓
のりしろに糊をつけ、立体にして完成させる（注意力・視空間認知・実行機能）
（ご飯粒で貼る、促す）（記憶再生）

4. 生活行為の改善事例

(1) 米を研ぐ Aさん（女性、90歳、要介護3、AD）

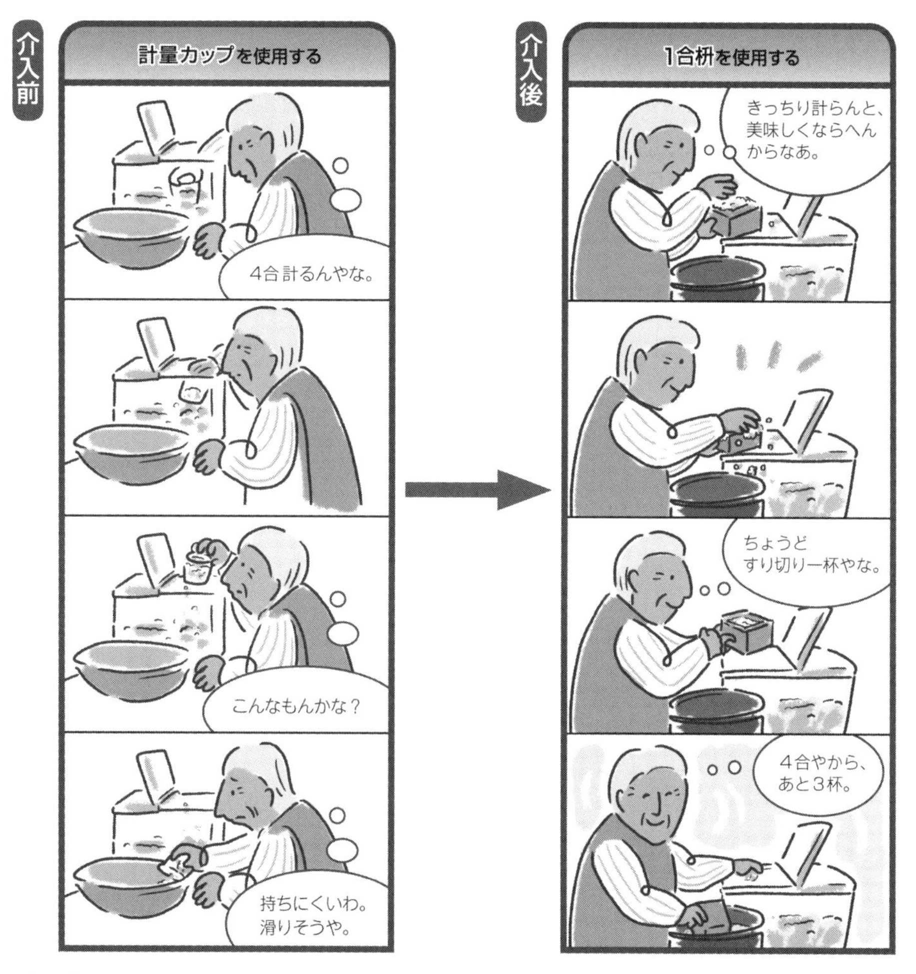

〔経過〕・介入前：お米をカップ一杯になるようにすくってはいるものの、すり切り一杯にされなかった。職員から「すり切り一杯で計って下さい。」と、声かけを受けると、継ぎ足しはするものの、すり切り一杯にして計ろうとはされなかった。米研ぎも、水ですすぐような動きだった。

・介入後：１合枡を使用したところ、職員の声かけがなくとも、自らすり切り一杯で１合を計っておられた。力強く米を研いでおられた。

◉昔使っていた道具を使用することが、炊飯に関する記憶を思い出す（再生）きっかけとなり、正確に計るために本来持っておられる機能（注意力・判断力・視空間認知・実行機能）を発揮できるようになった。※読み・書き・計算・軽い運動（潤脳チャレンジ）を継続中。スケール評価では１回目よりも２回目は少し向上している。

(2) 衣類をタンスにしまう　Bさん（男性、82歳、要介護3、AD）

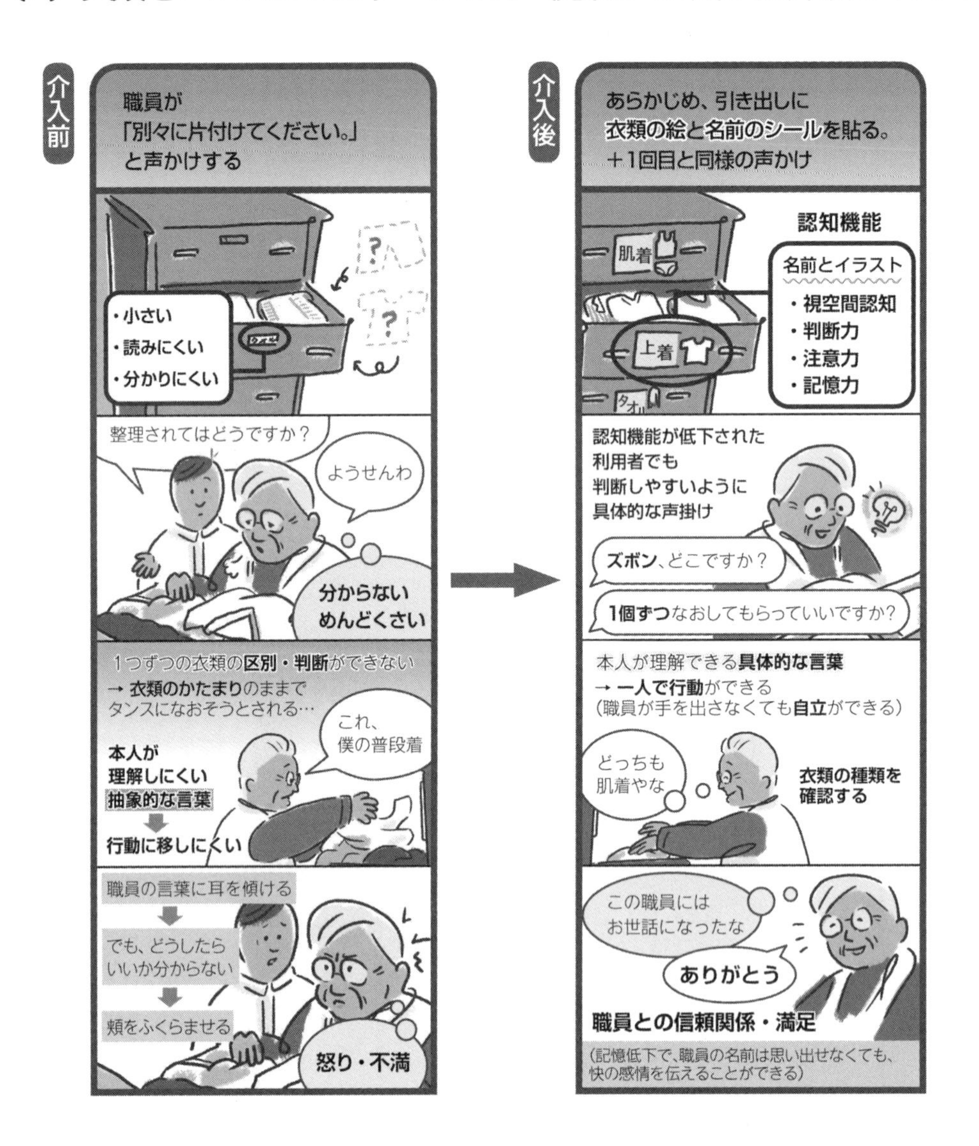

〔経過〕

・介入前：声かけをしたが、全ての衣類を同じ引き出しに詰め込んでおられ、衣類の仕分けをしようとされなかった。

・介入後：引き出しに衣類の絵と名前のシールを貼った状態で声かけをしたところ、一つひとつの衣類を引き出しの絵と見比べながら片付けておられた。

◉習慣にはない行為（多くの男性は衣類の片付けに慣れていない）でも、環境を整えること、職員による声かけを繰り返して行うことで、記憶力や注意力・判断力・視空間認知・実行機能等の認知機能を使い、達成できるようになった。※読み・書き・計算・軽い運動（潤脳チャレンジ）を継続中。スケール評価では1回目よりも2回目は少し向上している。

5. 生活の捉え方：生活支援の方法

ここでは、生活行為の支援を学びます。

（1）生活支援の考え方、（2）心理面、（3）機能面、（4）環境面、です。

「生活の捉え方」のねらいは、「医学的理解」や「心理的理解」を踏まえて、認知症という障害を抱える中で、自立した生活を送ることの意味と、それを支援することの重要性を理解することです。

「生活支援の方法」のねらいは、高齢者らがさまざまな人的・物的・社会的環境の中で生活していくことを、どのように支援していくべきかを理解し、その支援方法を考えることです。

（1）生活支援の考え方

● キーワード ● 生活場面の理解、生活行為の概念

A.「生活」とは何か

（1）この世に生きて活動すること（出典『大辞林』三省堂）。

（2）「人が生きる時間の連続性」であり、その人の誕生から死に至るまでの過程（出典：森繁樹『高齢者介護、認知症ケアと「生活援助」の視点』）。

生活の中には、下記のようないろいろな生活場面があります。

・起床・食事・排泄・整容・就寝・会話・趣味・仕事・入浴・買い物・掃除・洗濯
・調理・服薬・テレビ・新聞・外出、等。

【演習：考えてみよう！】

朝起きてから外出するまでに自分が行った行為にはどんなものがあるでしょうか。

（例）目覚まし時計を止める→洗面所で顔を洗う→朝ご飯を用意する……等。

《例：支援者である野村さんの観察記録から》

考え方1　「片山さんが居室から出て、フロアで失禁されていた」⇒これを捉えなおしてみると、「排泄行為」という行為は複数の小さな生活行為から成り立っています。

【居室からトイレに行って戻ってくるまでの生活行為】

①排泄しなければならないことを認識する。

②トイレに行くまで我慢することが理解できる（括約筋を締め続ける）。

③トイレのある場所を認識できる。

④廊下の広さや段差、奥行き等に注意して、トイレまで安全に移動ができる。

⑤便座以外の場所に、排泄してはいけないことが理解できる（括約筋を締める）。

⑥便座を認識する。

⑦下衣類を下げる。

⑧安全に注意して、便座に座る。

⑨排泄する（括約筋を緩め、生理機能が働く）。

⑩環境を認識して、排泄物の処理ができる。

⑪下衣類を上げる。

⑫洗面台が分かり、手を洗う。

⑬元の場所（部屋、フロア等）の位置が分かる。

⑭廊下の広さや段差、奥行き等に注意して、元の場所まで安全に移動ができる。

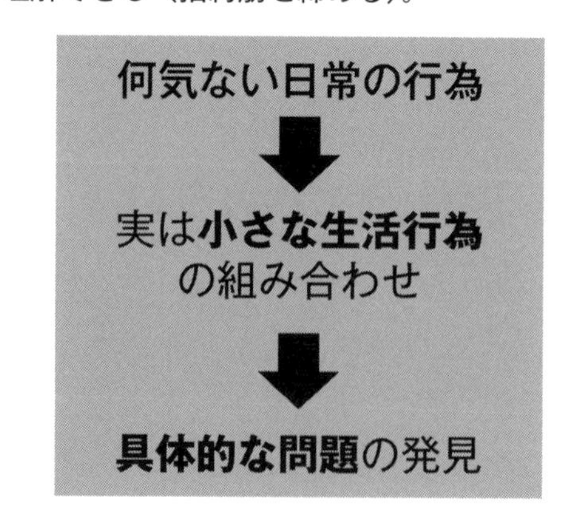

B. 中核症状と周辺症状（BPSD）の関係

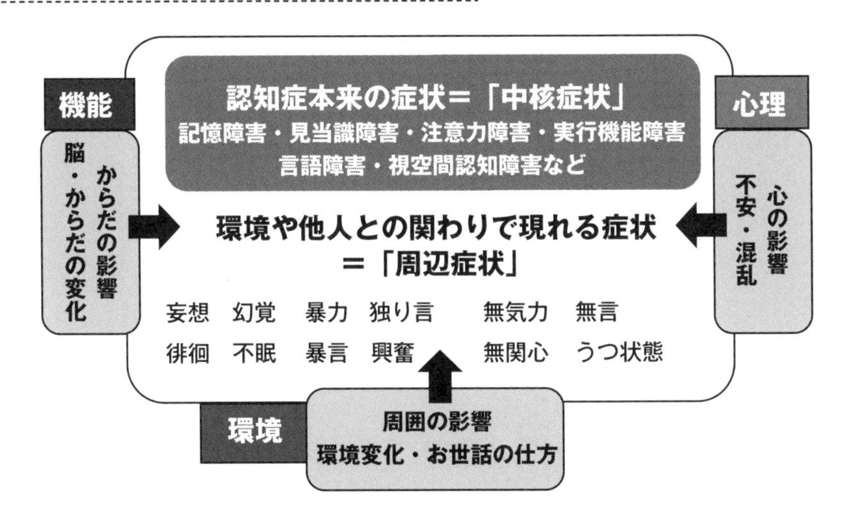

考え方２　「片山さんが居室から出て、フロアで失禁されていた」

さらに、生活行為の視点から「心理・機能・環境」の各側面から捉え直してみると、御本人への生活支援はより具体的になります。

C. 人の生活行為の概念

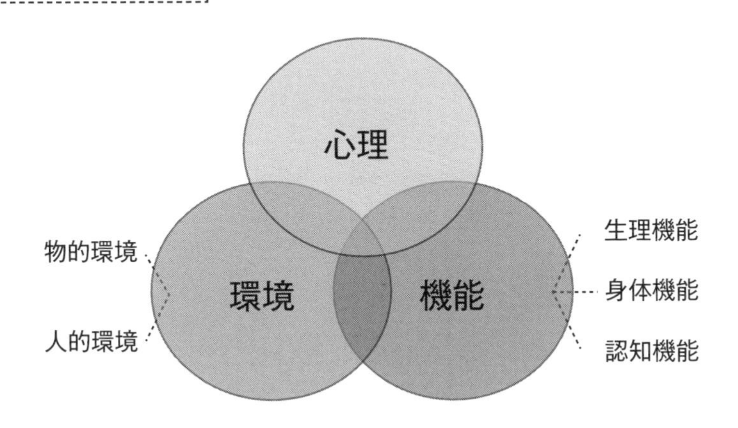

生活行為を成就するには、以下のように考えます。

人の生活行為は、まず「〇〇したい」「〇〇する」という心理的欲求から始まります。その際、身体機能および認知機能を使って、心理的欲求を満たそうとします。さらに、人的環境および物的環境が整っていれば、生活行為は成就することができます。

〈アセスメントが重要〉

アセスメントとは、情報を収集し、対象者が何を求めているのかを正しく知ること、そしてそれが生活全般の中のどんな状況から生じているかを確認することであり、援助活動をする前に行われる評価を指します。

本書では、これまで一般的に行われてきた基礎情報や医療、生活歴、日常生活動作（ADL）、手段的日常生活動作（IADL）に加え、対象となる方の低下してきた認知機能や使えそうな認知機能に焦点をあて生活行為の場面に合わせて考えています。

人間が行う全ての行為は心理、環境、機能という三つの要因が複雑に影響し合って成り立っています。私たちは、この三つの要因からの視点で正しく評価し、考えることが必要になります。

① 心理的要因

対象者の方が今、どんな心境でいるのか、この人に対してどんな感情を抱いているのか、これからの行為に対してどのように感じているのか、大事に思っていることは何か、安心することは何かなど、時や場所により一刻一刻変わる心理を観察する必要があります。

そして、行動への精神的なエネルギーとして「○○したい」「○○できる」等の意欲を生み出すためのアプローチを考える必要があるのです。

② 環境的要因

環境的要因は、「人的環境」と「物理的環境」とに分けて考えます。

人的環境とは、対象者に関連する全ての人との人間関係を指します。まずは親族との関

係であり、過去に遡り関係性を正確に把握する必要があります。次には介護者や友達との関係であり、どのような態度で接しているか、孤独に陥っていないか等観察し、なじみの関係をつくる必要があるのです。

次に物理的環境とは、対象者の居住環境や、生活行為における設備や道具などを指します。生活しやすい環境を整えるのが私たちの役割です。

③ 機能的要因

人の身体機能を意味しますが、さらに身体を動かす「運動機能」、脳が司る「認知機能」、尿意や便意などの「生理的機能」など、身体の全ての機能が含まれます。

④ まとめ

認知症の方々は、運動機能の低下やBPSDによる日常生活行為の支障よりも、むしろ実際には認知機能の低下（中核症状の出現）により場面に合った適切な行動が取れずに支障をきたしていることが多くあります。生活行為の支障が何により引き起こされているのかを正しく評価し、その方に合ったケアのあり方を模索していくためにも、認知機能による視点を持ちましょう。

ポイント：生活支援の考え方
高齢者の問題となる行動を考える時、一つ一つの小さな生活行為に分けて、問題と原因を分析。心理・環境・機能の領域に分け、複数の視点から支援の方法を考えてみよう。

(2) 心理面に対する支援

● キーワード ● パーソン・センタード・ケア、コミュニケーションの大切さ

例えば、周辺症状が起こる理由を包括的な視点から考えてみましょう。

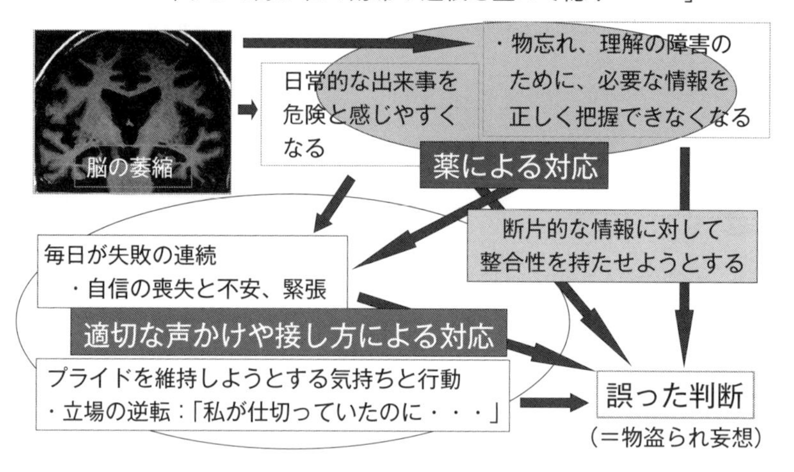

図 3-1　アルツハイマー型認知症の「物盗られ妄想」

A. 認知症の方が暮らしの中で思うこと

●暮らしの中では「分からない」ことの連続です。

・どうしてよいのか途方に暮れる
・思い出せない
・考えても分からない
・不安と混乱でいっぱい
・恥のかきどおし

●暮らしの中で自分を脅かすものがいっぱいある。

・残っている力があるのに自分では解決できない
→人に分かってもらえない悔しさや憤り
→自分に自信がなくなる
→孤独や諦めになってしまう…
→認知症の悪化へ…

「その人らしさ」を大切に
=パーソン・センタード・ケア

過去のＦ市における介護士向けの研修受講生へのリスニング（2012 ～ 2018）をまとめてみると、御本人のできる能力を奪ってしまう場面は意外に多いことが分かります。

「危ないからと、階段を使わない」「立ち上がろうとする人をすぐに座らせる」「歩行が少しでも不安定だと、すぐに車椅子移動になる」「昼夜逆転の人を睡眠剤で無理やり寝かせてしまう」「時間がないからと、途中から介食してしまう」「時間がかかるからと、着脱をやってしまう」「本人の選択の自由を奪っている」「包丁が使えるのに、危ないと言ってスライサーを使う」「家では着物を着ていたのに、老人ホームでは洋服で統一している」「尊厳を無視して、食事時は全員エプロン着用している」等があり、生活におけるさまざまな場面が当てはまってしまいます。

B. 福祉施設での仕事内容

実際に、介護・福祉施設での介護職の仕事内容をまとめた興味深い研究があります。

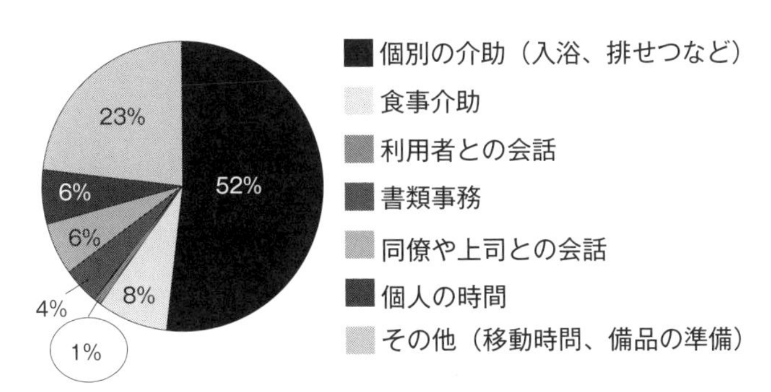

図3-2 福祉施設における日常会話

〔Mallidou et al.（2013）.Health care aides use of time in a residential long-term care unit: a time and motion study.International journal of nursing studies,50,1229-1239〕

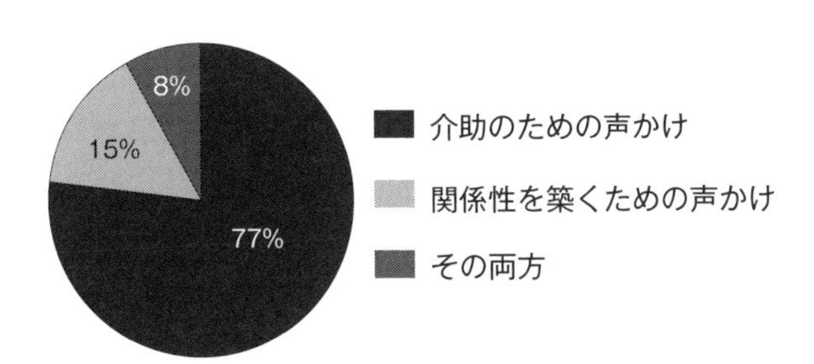

図3-3 職員と利用者の会話内容

〔Ward et al.(2008). A different story: exploring patterns of communication in residential dementia care. Ageing and society, 28, 629-651〕

これらの研究結果を見ると、介護職員が業務内で利用者との会話に割ける時間は、多忙な業務の中でごくわずかに過ぎません。しかし、「トイレに行きましょうか」「ズボンを脱ぎますよ」といった介助以外の何気ない日常会話を意識的に行うことが、実は利用者や家族との信頼関係を増すこととなり、介護サービスの満足度を上げることにもつながるのです。すなわち、昼食やおやつの時にだけ行うクラスルーム・リアリティ・オリエンテーションだけでなく、24時間リアリティ・オリエンテーションを行うことが、多忙な中でケ

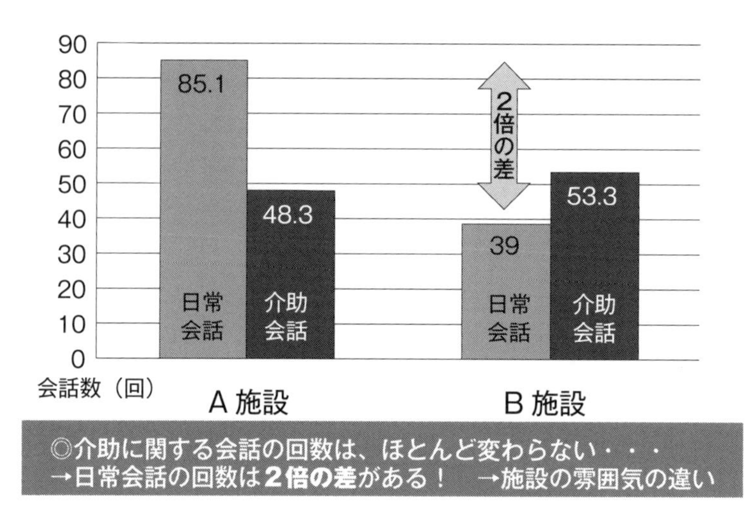

図 3-4　職員と利用者の会話内容

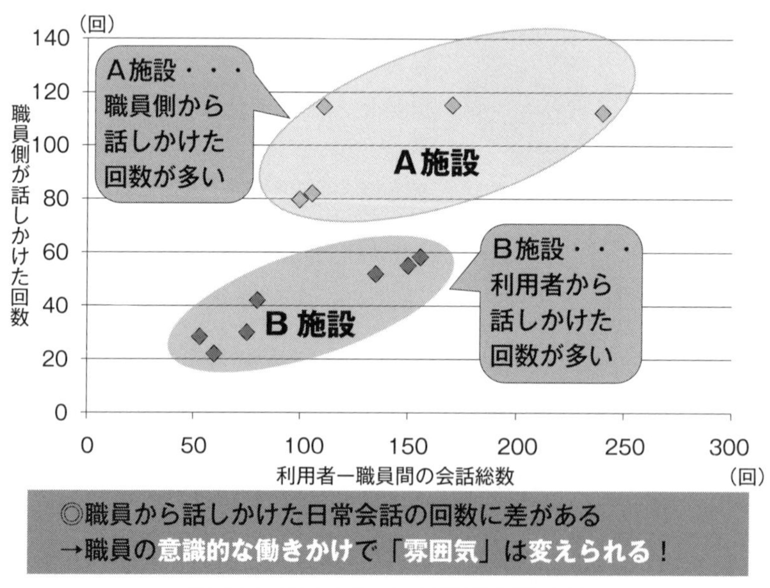

図 3-5　職員の声かけで雰囲気は変わる

アの充実度を図るために大切となります。例えば、夏場のフロアで「風鈴の音が聞こえて涼しく感じますね」、冬場の服の着脱の際に「セーターが手放せない季節になってきましたね」、昼食前に「お昼ごはんの良い匂いがしてきましたね」と何気ない声かけで周囲の状況理解を助けるような関わり方が信頼関係を深めるために大切となります。

◎五感を用いた感覚表現に注目！

しかし、認知機能が低下していく認知症高齢者との関わりが難しいのも事実です。そこで、「五感」に注目したコミュニケーションを心掛けてみましょう。

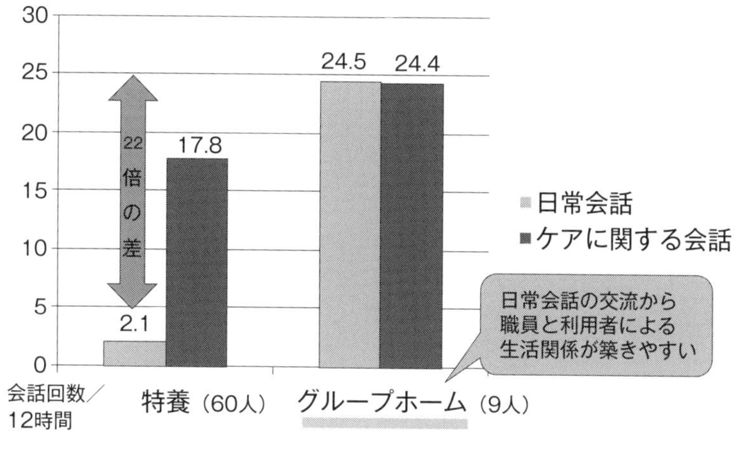

図 3-6　施設における関係性の違い

（1）人間が外界の情報を理解するためには、「見る・聞く・触る・臭う・味わう」の五つしか方法がない（いわゆる五感）。
（2）人によって得意・不得意な感覚表現がある。すなわち、利用者の得意な感覚表現を理解することで、コミュニケーションがしやすくなり、相手の気持ちや心理を推察しやすくなります。

◎五感を通じた語り方（3 タイプ）

例えば、利用者が施設の風呂場へ入浴に行きたい時の気持ちの伝え方について、視覚・聴覚・触覚の三つのタイプによる話し方の違いを見てみましょう。

① 視覚タイプの語り方

「あの湯気が出てる温泉の印がある所、連れてって。そう、赤色ののれんに水色のドアのとこ。服を脱いだら、体格がガッシリしてて、若いけど髪の薄い兄ちゃんに、透き通ったお湯の一番風呂に入れてもらうのが気持ち良いねん……」
→視覚タイプの方は、目に見えるものや景色、映像などについての言葉を多用する傾向があります。

② 聴覚タイプの語り方

「ザブーンって入れる風呂まで、連れてって。髪をゴシゴシ洗って、シャワーでザバーって流して、ふぅ〜って一息つくのがたまらんのよ。湯上がりに、コーヒー牛乳をゴクゴクゴクって飲めたら最高やねんけど……」
→聴覚タイプの方は、聞いている音や記号、擬音語などを多用する傾向があります。

③ 触覚タイプの語り方

「ゴツゴツしてる壁の廊下の奥まで行って、ひんやりしたドアがある風呂まで連れてって。ゆっくり肩まで入って、手ぬぐいを頭にギュッと巻いたら、体がホッと温かくなるわ。兄ちゃんに力一杯洗ってもらうと、体もスッと軽くなるわ……」
→触覚タイプの方は、自分の感情や身体感覚に関する語り方を多用する傾向があります。

【心理面を理解するための事例】

（※本事例の紹介にあたっては、御本人および御家族の了解済みです）

D さん（女性、99 歳、要介護 5、AD）

◎基本情報

[既往歴・現病歴] アルツハイマー型認知症、高血圧、高脂血症、虚血性心疾患、便秘症

[生活歴] H 県生まれ。尋常小学校卒業。23 歳まで郵便局で働き、結婚して T 県へ。専業主婦として家事を行う。戦争で家が焼け、M 市に引っ越し。X-50 年に夫が死亡。X-10 年にグループホーム入所、家族も M 市へ引っ越し。X-1 年に特養へ入所。現在に至る。

[ADL 及び基本動作] 基本動作は見守り、一部介助にて実施。ADL：食事＝自力摂取可、排泄＝声かけ及び一部介助。更衣＝一部介助、入浴＝指示が通らず全介助。移動＝独歩（見守り）。

[中核症状] 失行：食事中や水分補給時など、手に持っている食器をどうしていいか分からなくなるのか、食器を持ったまま「先生」と立ち上がることが多い。

[BPSD] 落ち着きがない様子：夕方になると動き出しが多い。トイレに行くと落ち着くこともある。周りが動き出すと、余計に動き出しの傾向が強い。

〈1　取り組み前〉

難聴があるために、なるべく御本人の耳元で声かけしようと、御本人の後ろ側から大きな声で声かけをすることが多かった。その結果、声は伝わるものの、驚かしてしまうことも多く、御本人の不安を煽ってしまい、食事介助やトイレ誘導の拒否になってしまう場面が多かった。

〈2　取り組み〉

そこで、身体機能・認知機能が低下された御本人の状態に合わせて、関わり方を再評価。まず、御本人を驚かせないように正面から背丈を合わせて、目線を合わせるようにしてから、笑顔で声かけ。声かけのフレーズを短く、ゆっくりと行う。また、声かけ内容は、御

事例：取り組み前後の変化

取り組み前

・介助に対して不安が強い。

・一旦、拒むと介助をさせてくれない。

・トイレ誘導時の立ち上がりまでに拒否がある。

・義歯のつけ外しに拒否がある。

取り組み後

・正面から目線を合わせると、会話がかみ合いやすくなり、トイレにスムーズに行ける。

・御本人の目線に合わせて正面から声かけすると、驚いて不穏になることが減少し、笑顔で職員と向かうことが増えた。

本人が前向きになれるように温かい言葉を多く心がけた。御本人の様子に応じて、肩や手などに優しく触れながら、食事介助やトイレ誘導を行った。視力や聴力が低下されているものの、さらに、御家族より、昔から童謡や歌謡曲が好きであることを生活情報として収集。介助前の行動の窓口として「歌を忘れたカナリアが～♪」など、御本人になじみがある歌のフレーズを一緒に口ずさむことを心掛けた（共感的理解に伴う行動）。

〈3　取り組み後〉

　その結果、正面から目線を合わせると、会話がかみ合いやすくなり、トイレにスムーズに行けることが増えた。また、御本人の目線に合わせて正面から声かけすると、驚いて不穏になることが減少し、笑顔で職員と向かうことも増えた。BPSD が軽減し、介護者側の負担も減り、御本人も介護士との信頼関係の下、フロアの中で落ち着いて過ごす時間を増やすことができた。このように、御本人の心理面を理解することで、一見すると遠回りのような関わり方が御本人の心理負担軽減につながることがある。

(3) 機能面に対する支援

● キーワード ● 行動と機能の関係、認知機能の働き

まず、御本人と一番長く過ごして来られた御家族から見た、「認知症の人の特徴」から押さえてみよう。

[衰えやすいもの] 記憶、見当識、判断、実行機能、理性など→「認知機能」(あたま)

[衰えにくいもの] プライド、感情、羞恥心、生活の知恵、心の働き、身体で覚えた行為(調理、掃除など)→「情緒機能」(きもち)・「身体機能」(からだ)

[参考『認知症の人と介護家族の思い』公益社団法人 認知症の人と家族の会、2010]

身体面の介助が大変に見えるが、実は認知面の低下による介護の難しさを感じていらっしゃる御家族が多いのです。

A. 脳の中にはさまざまな役割がある

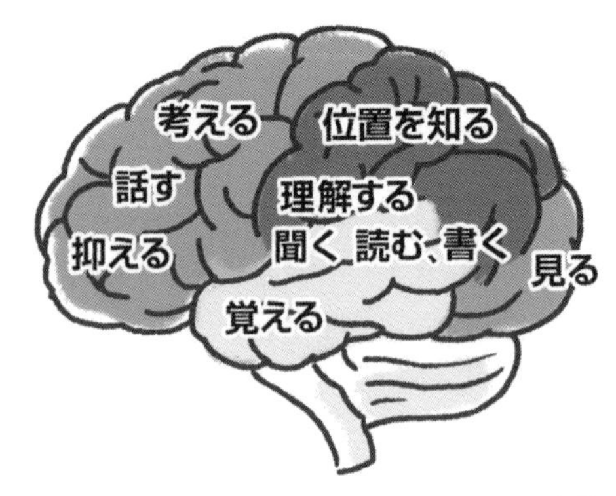

頭の中の構造を機能別に分けてみると、おおよそこの図のようになります。

認知症の疾患によって、どこの部位が障害されるかが異なります(例:前頭側頭型認知症など)。

そこで、認知機能の働きを理解しておくことで、背景や対応の理解がぐっと前向きに変わってきます。

とはいえ、無意識で働いている認知機能を実感するのは難しいことです。

そこで、演習「認知機能の働き」にて、皆さんも実体験を踏まえつつ、認知機能の働きを一緒に学んでいきましょう。次の文章を見て下さい。「デンワヲカケル」この文章に書かれた通りのジェスチャーを御自身でやってみましょう。

体験:ジェスチャー・ゲーム

解説:「デンワヲカケル」のジェスチャー・ゲーム

〔体験：ジェスチャー・ゲーム〕

「電話をかける」

⬇

さまざまな電話があります

あなたの「電話」はどれですか？

① 見る意識を「文章」に集中　→　集中力

②「文章」を「単語」に分別　→　デンワ　ヲ　カケル　→　注意力

③「カタカナ」を「意味」で判断　→　電話　を　掛ける　→　判断力

④「意味」に直す時に経験と比較　→　電話・・・？？？　→　記憶

このジェスチャー・ゲームの要点を押さえてゆきましょう。

ポイント①

五感を使った高齢者の生活行為と、介護者によるケアやサポートの間には、実は、高齢者が発揮している認知機能があるということ。

ポイント②

食事や排泄、入浴などの生活場面での行動は、複数の認知機能を使ったり、働かせたりして、初めて成り立っているということ。

ポイント③

さらに、人によって認知される内容が異なると、行動の仕方も変わってくるということ。

ここまでの認知機能の働きのポイントをまとめてみます。

まずは認知症のケアは
中核症状へのケアが大事ですね

中核症状（記憶障害・見当識障害など）を
適切にケアすることで
周辺症状（徘徊や暴力など）へと
移行しにくくなるのですよね

ですから、徘徊などの
周辺症状が出る前に
ケアしてほしいのです！

❖ 記憶力

過去に経験した内容を保持し、それを後に自由に思い出し、利用することができる能力
⇒後で必要なことを、その時まで覚えておく能力も含まれる。

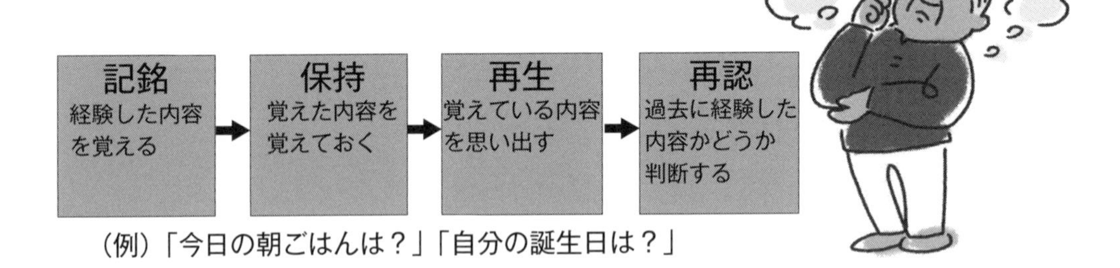

（例）「今日の朝ごはんは？」「自分の誕生日は？」

❖ 見当識

時間・場所・人物と、それらに関連した周囲の状況を正しく理解する能力
（例）「研修はどこで何時から？」「前で話をしている人は誰？」

❖ 判断力

物事を認識し、評価、判断する能力で、代表的な判断：「真・偽」「正・誤」「適・不適」など
（例）「信号は何色で止まる？」「消しゴムは文具？それとも食べ物？」

私たちが介護している高齢者の生活行為には（複数）の（認知機能）が働いている。（認知の）内容が異なれば高齢者（の行動）も変化する。

すなわち、私たちや介護者、御家族にとって、認知症の人の行動が不可解だなぁと思っている行動は、私たちの理解の仕方や関わり方次第で不可解ではなくなり、御本人と共に上手に暮らしていけるようになるのです。

五感（見る、聴く、触る、嗅ぐ、味わう）によって得られた情報から、その時々の状況、人との会話などを理解し、認識する機能。

（例）言葉を操る、計算する、記憶する、学習する、問題解決のために考える…等。

（4）環境面に対する支援

● キーワード ● 機能との関係、なじみの環境づくり

例えば、長年、慣れ親しんだ家で過ごされた方が初めて行ったホテルや旅館で、不自由なく過ごせるでしょうか。それは老人ホームやショートステイなど、介護施設でも同様です。たとえ、ハード面で豪華で高級な材料を使っていたとしても、不安な環境であれば、安心を感じられることは難しくなります。それは、認知症罹患者も同様です。さらに、機能面でみたように記憶や見当識といった認知機能が低下され、自分がなぜここに来たのかが分からない、自分のよく知っている家族が見当たらず、周囲には初めて見るような人ばかりいる、いつまでここにいればいいのか分からない、そのような気持ちになれば、「帰りたい」「この建物の出口はどこか」という行動になるのは当然です。それが介護側からみれば、帰宅願望や徘徊といったBPSDになってしまいます。利用者の行動を環境面から支えることも大切です。

A. トイレの表示はいろいろ

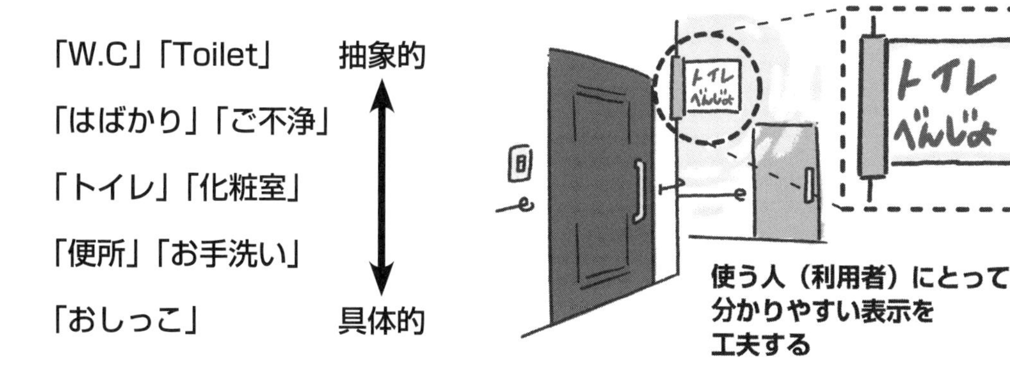

排泄行為を行うトイレ。そのトイレの表示を見直すと、抽象的なものから具体的なものまで多数あります。お年寄りにとってはW.C.やToiletという英語表記は理解しにくく、トイレや化粧室という方が一般的です。さらに、認知機能が低下された方には、具体的な行為や動作を行う場所であることを認識してもらうことが重要になります。そのため、「御飯の後はお手洗いに行きましょうか」「我慢せずに一緒におしっこに行きましょうか」と具体的な動作を中心にして声かけを行います。

B.「醤油」はどれに入っているの？

中身が見えると、色で分かる？

食事において、外見が同じような容器に、違う種類の液体が入っていても外からは判断がつきません。また、透明で中身が見えたとしても、しょうゆやソースが入っていると、同じ黒色の液体が入っているだけに見えてしまい、やはり色でも判断がつきません。そこで、外見の形だけではなく、「醤油」や「ソース」などの中身を表記するものが必要となります。

新しいケアの考え方が環境にも必要となっています。いわゆる「オールド・カルチャー」と呼ばれるケアは、個性は排除して全員一律、食事や排泄のみが援助であり、職員目線で効率重視の対応が主となっていました。現在では「ニュー・カルチャー」と呼ばれるケアが重視され、その人らしさや生活歴を大切に取り扱う、全人的なケアを行うことを目指し、利用者目線で生活重視の対応を行うことを目指しています。

そのため、認知症の人にとっての環境とは、以下の二つの側面を考えることがあらためて重要になります。①関わる人によって大きく影響を受け、関わる人そのものが環境の一部となる→「人的環境」。②住環境は、物理的な側面だけでなく、利用者の能力、ケアの理念など幅広い要素を含んでいる→「住環境」。この二つの側面を考えることで、認知症の人が安全で安心できるケア環境を作ることにつながります。

例えば、BPSDの中の一つ「徘徊」とは、辞書の定義では「目的なく歩きまわる」ということになります。しかし、その中身を理解することが大切です。①アルツハイマー型認知症の方。アルツハイマー型認知症の方は視空間認知（位置・方向・距離）や見当識（場所・時間・人物）が低下されてしまいます。すると、「自分がどこにいるか分からない」＝迷ってしまうことになります。そして、迷った際には出口を探す行動（例：「早く家に帰りたい」「出口はどこかしら」など）になります。その際、徘徊回廊（住環境）だけでは対応できません。②前頭側頭型認知症の方。前頭側頭型認知症の方は、常同行動や反社会的行為が出現します。そのため、「決まった時間に決まった行動」をされることが多く、施設やフロア内で迷うことは少ないのが特徴です。逆に、時刻表的な行動（例：

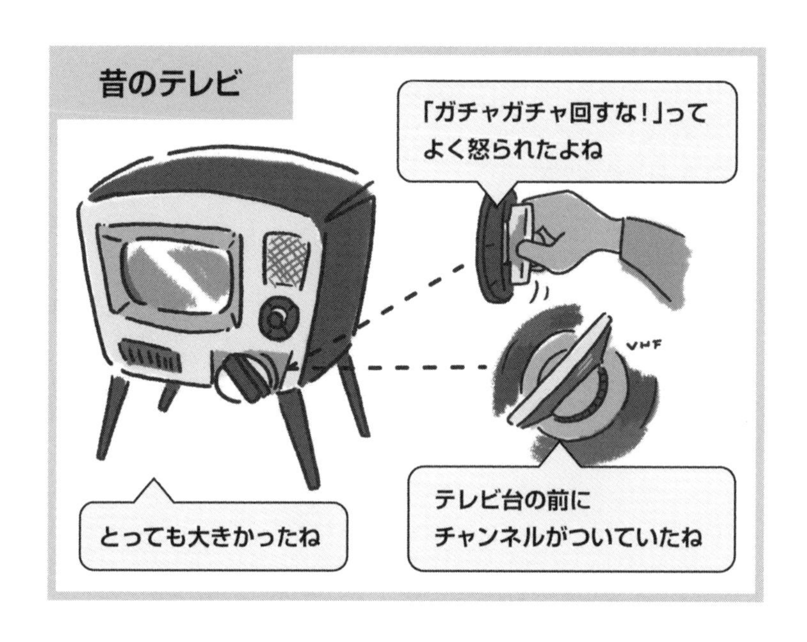
昔のテレビ
「ガチャガチャ回すな!」って
よく怒られたよね
VHF
とっても大きかったね
テレビ台の前に
チャンネルがついていたね

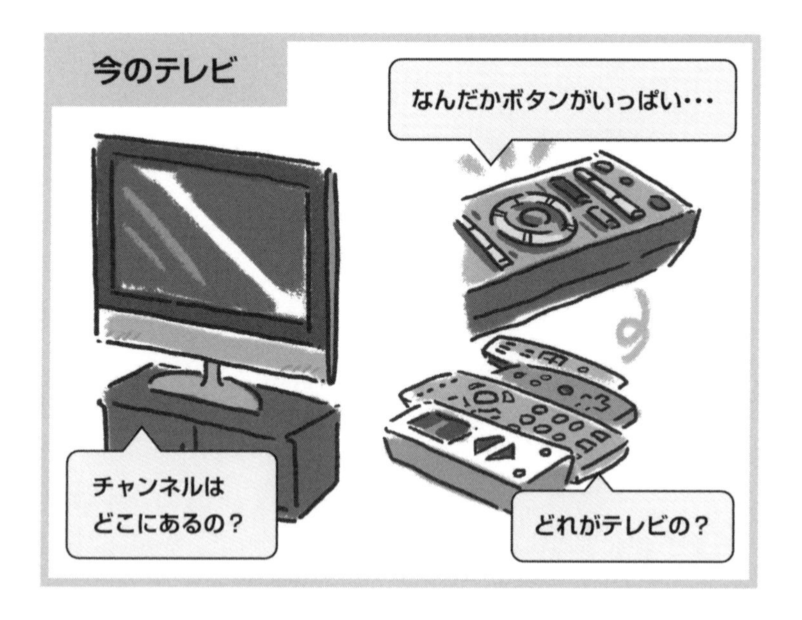
今のテレビ
なんだかボタンがいっぱい・・・
チャンネルは
どこにあるの?
どれがテレビの?

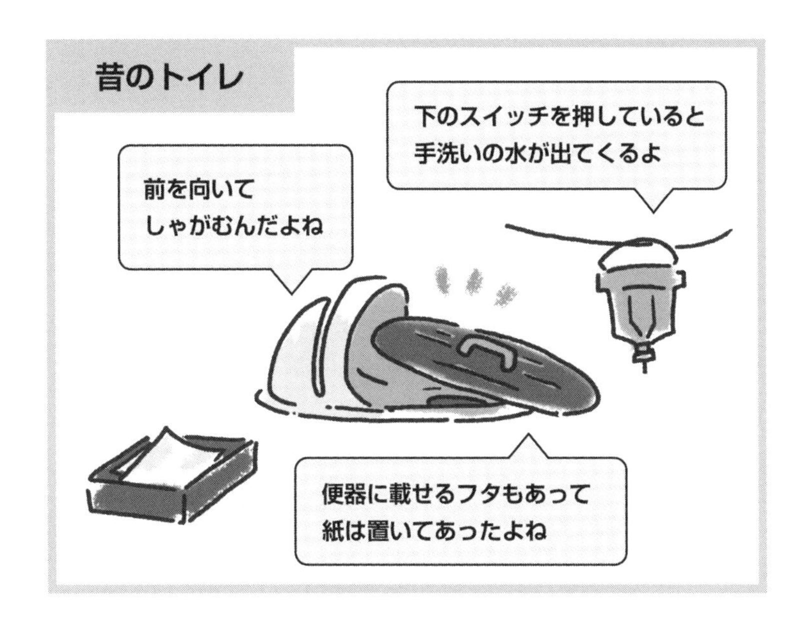
昔のトイレ
前を向いて
しゃがむんだよね
下のスイッチを押していると
手洗いの水が出てくるよ
便器に載せるフタもあって
紙は置いてあったよね

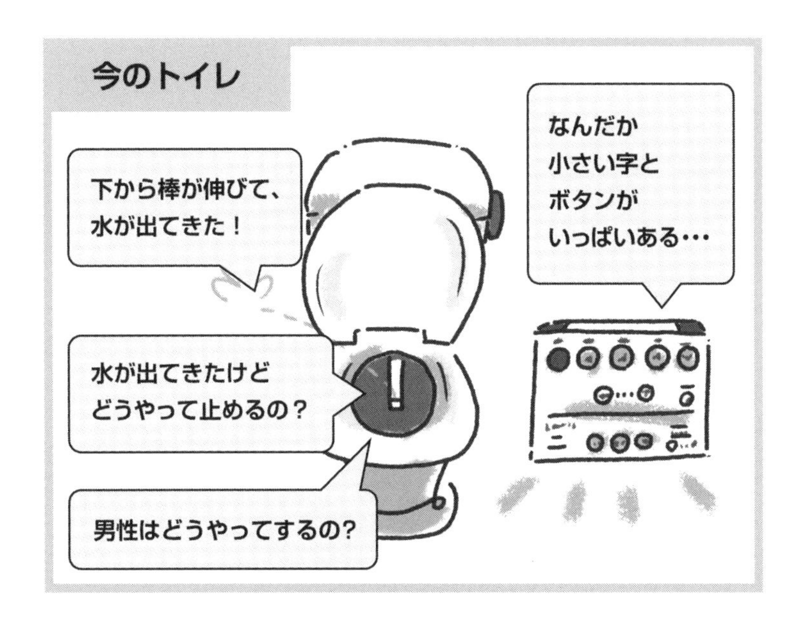
今のトイレ
下から棒が伸びて、
水が出てきた！
なんだか
小さい字と
ボタンが
いっぱいある…
水が出てきたけど
どうやって止めるの？
男性はどうやってするの?

「食後には必ず散歩をしないと気が済まない」「食後には必ず歯磨きをしに洗面台に向かう」など）を好まれるので、環境面としては、徘徊回廊（住環境）でも対応可能となります。

認知症を患う方、知的障害のある方、健常高齢者という同じ年代の高齢者による視線を調べた実験があります。眼鏡のようなアイカメラ機器をつけてもらった実験では、認知症高齢者は、自分の背の高さと同じくらいの中所や、地面に近い低所への視線が向きやすい、注意を払いやすいことが知られています。これは腰の曲がり具合もありますが、転倒しないようにという不安、目の前に何があるのかという心配から中所・低所へ目が向きやすくなります。そのため、そのような認知機能低下という機能面を環境面から対応しようとすると、①分かりやすさの工夫（W.C. よりもお手洗い・便所）、②中・低所への視覚情報（床に「便所は曲がって右手です」）、③繰り返し情報提供する（曲がった後に、便所はこちら）、④表示を増やす（トイレ横の看板だけでなく、床や案内にも表示）を行うことになります。

〈アイカメラ実験から学ぶこと〉

認知症高齢者、知的障害、健常高齢者の比較

高所	認知症	15%
	知的障害	20%
	健常	20%
中所	認知症	45%
	知的障害	35%
	健常	55%
低所	認知症	45%
	知的障害	35%
	健常	25%

中所、低所への注視傾向

↓

**認知症高齢者は
中所、低所への注視傾向**

認知機能低下への対応

- 分かりやすさの工夫
- 中所、低所への視覚情報の強化
- 繰り返し情報提供
- 表示を増やす

〈環境支援の基本的な考え方〉

○利用者の理解を高めるには…

・表示を増やしたり
・表示を大きくする
と理解の助けになる

環境の見える化 ▶

○利用者の視線は低くなる

→「低い所」に集まりがちになる。
→目線の高さだけでなく、床や床に近い高さの壁にも表示を貼る工夫が必要

利用者に合わせた例 ▶

〈疾患の特徴を理解した支援方法〉

①アルツハイマー型認知症の「物盗られ妄想」

・見当識や記憶の障害で場所が覚えにくい
→家族の写真など、手掛かりを一緒に作る

②レビー小体型認知症の「幻視」（ないものが見える）

・後頭葉の機能低下により、視空間認知の障害（幻視）
→暗いところで幻視が見えやすい、見誤りになるものを除去
→常夜灯をつける、ハンガーはタンスの中にしまう

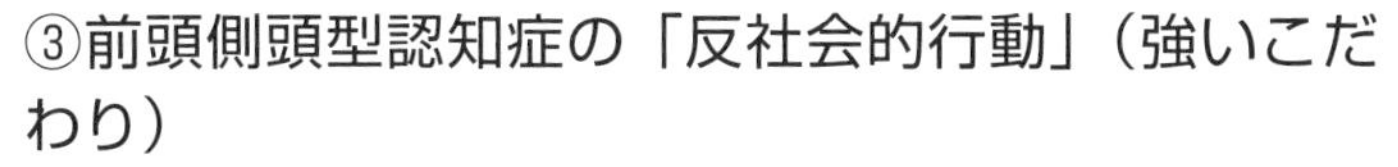

③前頭側頭型認知症の「反社会的行動」（強いこだわり）

・前頭葉の機能低下により、常道症や脱抑制の出現
→複雑でない決まった行動は好んで集中されやすい
→チラシでゴミ箱を作ってもらう、ぬり絵に取りくんでもらう、プチプチをつぶしてもらう

「生活の継続性」：在宅で生活されていた方に生活の継続性を支援するために、和室や畳での配慮を行うなど、雰囲気の部分から安心感を作っていきます。

「生活資源の活用」：施設にある備品だけでなく、利用者がなじみの家で長年使っていたタンスなどをそのまま施設に持ち込んでもらい、使ってもらうのも一つの支援です。同じタンスとはいえども、嫁入り道具で持って来られた桐のタンスと、キレイに整った施設のタンスとはまた違ったものとして、御本人に認識されます。御本人にとって、なじみの品物を活用させてもらうことで安心感につながります。

「隠し場所も大切」：なじみの品物を活用した事例があります。グループホームに入所された女性が、入所後に妙な行動をされ始めました。夜な夜な施設のタンスの引き出しを一段ずつ引き出していき、朝にはタンスの前に引き出しだけが積まれています。それが連日続き、妙に感じたスタッフが御家族に聞いてみました。すると、長年家で過ごしていた時には嫁入り道具で持って来られたタンスの一番上の引き出しに細工があり、引き出しの下に財布や銀行の通帳など、御本人が大切にされているものをしまっておられたとのこと。たしかに、その細工は施設のタンスにはありません。そこで、家に置いてあった桐のタンスそのものを施設に持参していただき、施設の備品ではなく、家で長年使われた桐のタンスをそのまま使っていただくこととしました。また、お金は入っていませんが、昔の財布や通帳もタンス内の隠し場所に置かせてもらいました。すると、御本人も夜に不安になった時にタンスの引き出しを開けて、自分の大切なものがあること、隠し場所が保たれていることを確認できるようになりました。その後、夜な夜な引き出しを出していくという問題行動は、御本人にとって隠し場所を確認するという生活行動に変わることになりました。

「視覚を通じた機能の理解」：日頃、意識はしていませんが、私たちはなじみの道具や品物の使い方が頭に入っており、思い込みで道具を使っていることがあります。そのため、認知機能が低下された高齢者は余計に高度な注意力や判断力が必要なもの、つまり新たに目にする新商品の道具は使いにくくなります。そのため、「引き戸」であれば、手を入れる箇所があるもの、「開き戸」であれば、戸のつまみがあるものなど、思い込みで使う傾向があります。例えば、施設にて食事の手伝いをされる高齢女性が食器を棚から出そうとしているのに、棚の戸の開け方が分からずに、戸を叩いてしまったり、無理に開けようとされているように見えるのは、視覚的な情報を把握して行動される時に失敗してしまっていると考えられます。そのため、高齢者にとって、なじみの道具や分かりやすい表示が大切になります。食事の際に、食卓にある昔から定番の醤油メーカーの醤油差しなども、「この形と言えば醤油だな」と今まで培われた記憶や判断力を用いて、使っていることになります。

◎視覚を通じた機能の理解
- 手を入れる＝「引き戸」
- つまみがある＝「開き戸」
- 醤油の入れ物＝「醤油差し」

環境面を配慮した施設での実践例を紹介します。

「畳を使い、安らぎの空間へ」：施設内にある機能訓練室や食堂など、広い空間であるのに、使い道に困ることがあります。そこで、その空間の一角に畳を敷いて、昔の本や創作品を置くことで、施設の共有空間ではありますが、少人数の利用者が座ったり、寝転がったりしながら、プライベートな感覚で落ち着いてもらうことができます。

〔実例〕畳を使い、安らぎの空間へ
和室の雰囲気で、自由な姿勢でくつろぎながら
「共有」空間のまま「プライベート」の感覚を作る

「不必要なものは見せない工夫も」：必要なものを視覚的に訴えるのとは間逆の発想で、不必要なものは見せない工夫も大切です。例えば、排泄介助などで用いるオムツやトイレットペーパーなどは職員にとっては、離れの倉庫まで行かずになるべく身近に置いておきたいもの。しかし、利用者や御家族に向けて、常時見せておくものではありません。そこで、棚下の隙間に小さなカーテンを付けるなど、少しの工夫で目隠しをすることも一工夫です。職員本位の業務空間ではなく、利用者のための生活空間であることを意識した支援例です。

〔実例〕不必要なものは見せない工夫も
施設職員のための「業務空間」から
利用者のための「生活空間」へ

「住環境（ハード面）の不都合は人的環境（ソフト面）でカバーする」：例えば、居室から別フロアの浴室へ移動する際に、どうしても利用者が転倒しやすい段差が存在してしまうことがあります。住環境の配慮としては、スロープや段差解消用マットの購入で対処するのも一つですが、施設の予算やケアの考え方からすぐに購入できない、物では対処でき

ない場合も多くあります。そのような時には人的環境を工夫して対処しましょう。職員間で「浴室へ利用者を誘導する時には、この場所で〈段差に気を付けて下さいね〉〈しっかりと足を上げて下さいね〉〈リハビリの練習で、ふとももを高く上げて下さいね〉といった声かけで対応しましょう」など、声かけや対応を統一すると良いでしょう。副次的な効果として、職員と利用者が共通の話題で会話することになり、人間関係の構築や信頼関係の向上にもつながります。例えば、物忘れの強かった認知症を患う男性が「お風呂行く時は、ここでこけないようにせなアカンよね」と、日常生活の中で繰り返し習慣化して行うことで覚えていただけるようになることもあります。

〔実例〕住環境（ハード面）の不都合は人的環境（ソフト面）でカバー

例えば、段差がどうしても残ってしまう箇所。そのリスクを理解した上で、職員で統一した声かけを行うことで、利用者との関係作りへ。

では、ここまでみてきた環境への支援について、過去 30 年の研究知見とともにポイントを押さえておきましょう。

〈環境への効果的な取り組み〉（研究知見）

【居室】

・入居以前のなじみの私物を居室に持ち込む

→個人独自の生活実現を可能へ。

・従来の多床室から個室にする。

→独自の生活拠点を確保し、個人的活動の促しを可能へ。

【共用空間】

・多様な居場所をしつらえる。

→他者との関わり方や状況に応じた多様なニーズの対応可能へ。

・他者と多様な位置関係が築ける環境をしつらえる。

→集団から離れた場所でも視覚的な関わりを可能へ。

【廊下】

・居室周辺やアルコーブなど、廊下に滞在できる居場所を設ける。

→入居者同士の交流の場として、他者との関わりの増加へ。

〔環境関連の九つの学会から過去 30 年間（1979～2010 年）に発表された学術論文を集計〕

演習１：生活行為への支援事例

◎生活の中での取り組みを考えてみましょう（41 頁参照）。

〔課題〕米を研ぐ

Ａさん（女性、90 歳、要介護 3、AD）

・アルツハイマー型認知症。

・認知機能検査 MMSE ＝ 12 点

・身体面はほとんど自立しているが、身の回りのことが一人でできない。

→昔の経験を活かし、米を研ぎたい！

Ａさんの主訴である「米を研ぐ」という生活行為の支援を完成するためにはどのように考えればよいでしょうか？

事例については、下記のようなワークシートを使って考えてみましょう。

第５章にある周辺症状（BPSD）がみられているときと、その後の変化について比較して考えやすくなります。

演習：「米を研ぐ」／Ａさん（女性、90 歳、要介護 3、AD）

スタッフによる支援・援助を取り組む前と後に分けて、どのような変化が起こったのかを整理してみましょう。どんな小さな変化でもかまいません。見つけることや書き出して整理を行うことが大切です。

〔考え方〕

演習：「米を研ぐ」／Aさん（女性、90歳、要介護3、AD）

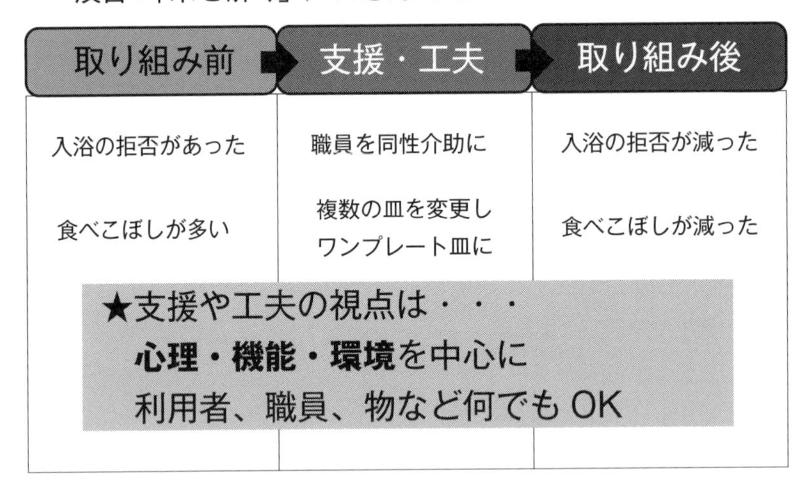

取り組み前	支援・工夫	取り組み後
入浴の拒否があった	職員を同性介助に	入浴の拒否が減った
食べこぼしが多い	複数の皿を変更し ワンプレート皿に	食べこぼしが減った

もし、支援の工夫の視点が考えにくいときには、本書で見てきた心理・機能・環境の視点を思い返してみましょう。また、考える対象は利用者でも、関わる職員でも、取り巻く物でも何でもかまいません。考え方の例をご参照ください。

〔解説〕

演習：「米を研ぐ」／Aさん（女性、90歳、要介護3、AD）

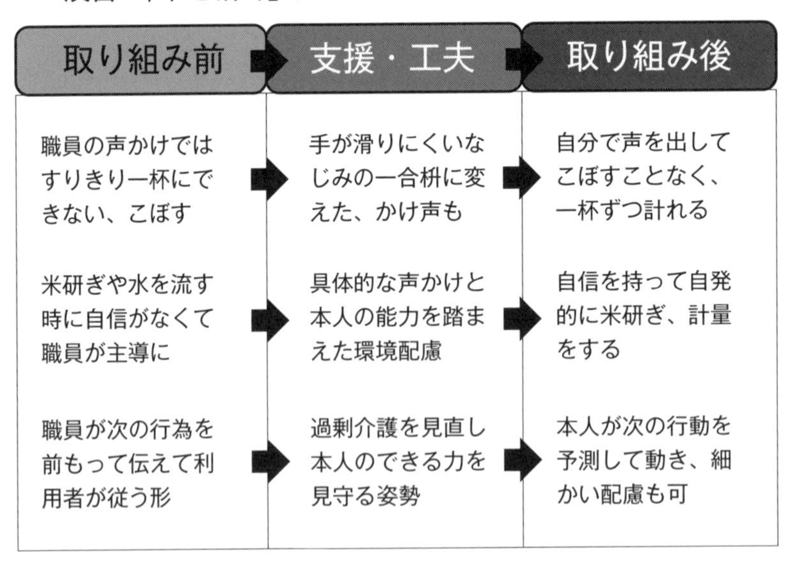

取り組み前	支援・工夫	取り組み後
職員の声かけではすりきり一杯にできない、こぼす	手が滑りにくいなじみの一合枡に変えた、かけ声も	自分で声を出してこぼすことなく、一杯ずつ計れる
米研ぎや水を流す時に自信がなくて職員が主導に	具体的な声かけと本人の能力を踏まえた環境配慮	自信を持って自発的に米研ぎ、計量をする
職員が次の行為を前もって伝えて利用者が従う形	過剰介護を見直し本人のできる力を見守る姿勢	本人が次の行動を予測して動き、細かい配慮も可

取り組みの前と後を比べて、その間の支援・工夫を整理してみた表です。Aさんの場合、声かけのみで計る動作が難しかったため、用いる道具と本人に伝わりやすい声かけに帰ると前向きな変化がありました。また、本人の表情や言動の変化を示すことも気付きにつな

がります。意外に気付きにくいのは関わる職員の言動です。Ａさんの場合、職員が先回りして、次の行為も声かけしてしまいました。ただ、Ａさんには動作はゆっくりでも、考えて行動する力があり、過剰に介護していることに現場の職員たちは気付くことができました。本人に考えてもらう、という見守る姿勢も大切だったのです。

演習：「米を研ぐ」／Ａさん（女性、90歳、要介護3、AD）

取り組み前	支援・工夫	取り組み後
職員の声かけでは すりきり一杯に できない、こぼす	**注意力障害** →物理的環境	自分で声を出して こぼすことなく、 一杯ずつ計れる
米研ぎや水を流す 時に自信がなくて 職員が主導に	**判断力障害** →人的環境	自信を持って 自発的に米研ぎ、 計量をされる
職員が次の行為を 前もって伝えて 利用者が従う形	**実行機能障害** →人的環境	本人が次の行動を 予測して動き、 細かい配慮も可

支援・工夫の整理をした後は、心理・機能・環境の面から要因を考えましょう。例えば一番上の声かけ時の失敗は注意力の低下がＡさんにあったため、滑りにくい一合枡に変えることで物理的環境から支援につながったことが分かります。

演習：「米を研ぐ」／Aさん（女性、90歳、要介護3、AD）

一合枡で米の量を計る

「手続き記憶」

◎昔なじみの枡で、計り方を**思い出し**、「～合」の声かけ。
◎指を使い、すり切り一杯を**判断**し、計る動作を**思い出す**。

釜に水を入れて、炊飯器へセットする

「実行機能」

◎「～合」の声かけを**思い出して**、内側の目盛りを見る。
◎「～合」の目盛りに**注意**して、水分の量を**判断**する。
◎次に行う動作を**予測**して、釜の周囲をタオルで拭く。

さらに成功/失敗した生活行為を深く掘り下げると、より課題となった原因が詳しく分かります。生活行為を詳しく分けたり、認知機能の分類を考える際には17～19頁の「認知機能とは」もご参照ください。例えばAさんの場合、一合枡を使うことで、昔使っていた手続き記憶を思い出し、職員から「○合」の声かけをサポートすることで動作がより円滑になります。また、もともと使っていた計量カップになじみがない、目盛りが見えにくいといった場合にも、複雑なカップの計算や入れた量の記憶を補う動作として、枡をすりきり一杯にするという動作で判断してもらい「米の量を計る」という生活行為をできる限り本人ができるように支援を行います。

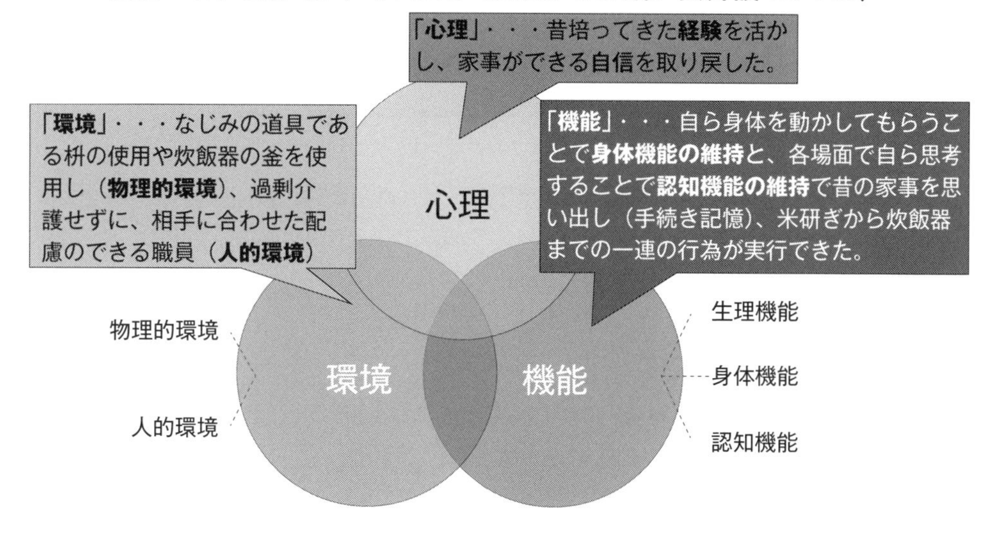

要因や生活行為の分析が終わった後には全体を振り返る視点を押さえておきましょう。

心理・機能・環境の三つの領域からみると、どのような変化やつながりがあるのかを理解しやすくなります。Ａさんの場合、「米研ぎをしたい」という心理面の主訴から始まり、本人の困り事に合わせた枡の使用（物理的環境）や本人を見守り、適切な声かけを行う職員（人的環境）の存在によって、低下していた記憶や注意といった機能面のサポートにつながりました。その結果、自信の回復や笑顔の増加といった心理面の改善につながっている構図が読み取りやすくなり、関係した職員間で共有しやすくなります。

演習２：生活行為への支援事例

◎生活の中での取り組みを考えてみましょう（42 頁参照）。

〔課題〕衣類をタンスにしまう

Ｂさん（男性、82 歳、要介護 3、AD）

・アルツハイマー型認知症の診断。

・認知機能検査 MMSE ＝ 10 点

・身体面はほとんど自立しているが、身の回りのことが一人でできない。

→自分の着た服は一人で何とかしたい！

Ｂさんの事例についても、Ａさんと同様に次のワークシートを使って考えてみましょう。BPSD が見られている時と、その後の変化について、比較して考えやすくなります。

演習：「衣類をタンスにしまう」／Ｂさん（男性、82 歳、要介護３、AD）

Ｂさんについても、取り組みの前後という時間の流れとその間に起こっていると考えられる支援と工夫をひもといていきます。

〔考え方〕

演習：「衣類をタンスにしまう」／Ｂさん（男性、82歳、要介護３、AD）

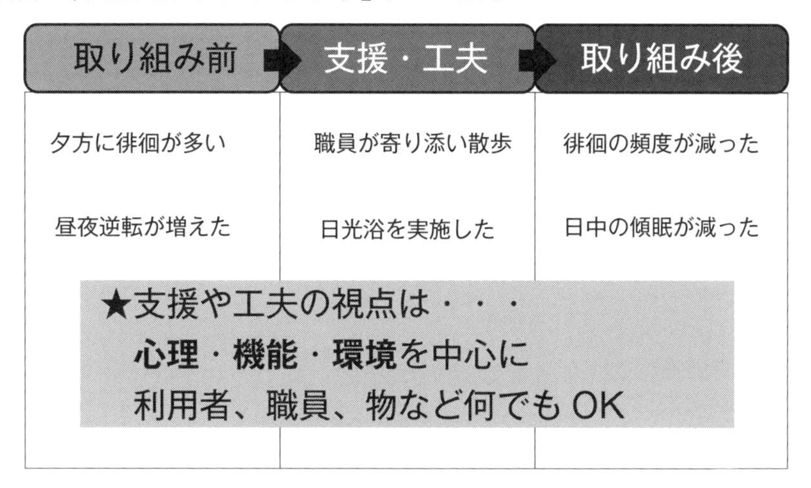

支援や工夫を考えるときには一つだけでも構いませんし、二つ以上の複数の考え方を書いても構いません。「何となくだけど変わった」とぼんやりしたものよりも「○○という理由で」とできる限り具体的に書くと、視点が鮮明になり、考えやすくなります。

〔解説〕

演習：「衣類をタンスにしまう」／Ｂさん（男性、82歳、要介護３、AD）

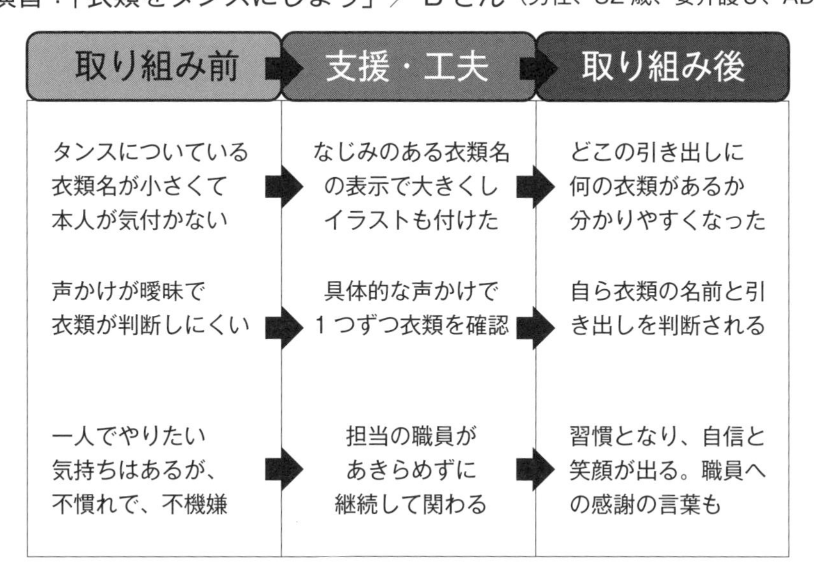

Ｂさんの場合、タンスには衣類名の書かれた分類はあったものの、高齢で視力が低下し、認知症による認知機能の低下があるため、注意が向きにくいものでした。そのため、表示を大きくし、視覚的な判断をしやすいように大きなイラストも付けました。また複数の衣

類があると迷ってしまうため、職員の声かけはBさんの心理と機能に配慮して具体名で一つずつ伝えていきます。

演習：「衣類をタンスにしまう」／Bさん（男性、82歳、要介護3、AD）

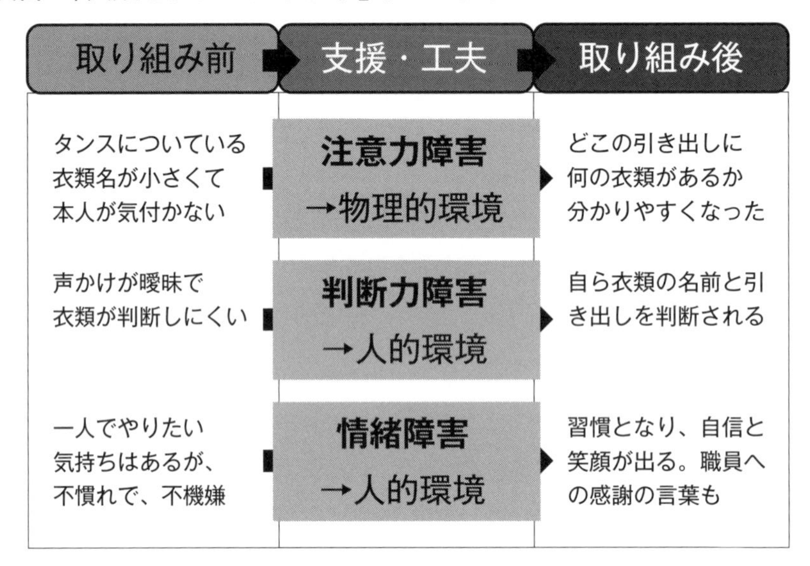

心理・機能・環境から要因を振り返ると、認知機能における注意や判断のサポートにつながったことが分かります。また、「家事には不慣れながらもやりたい」という意欲はありつつも、自分より若いスタッフから上から目線で一方的に言われると、Bさんでなくとも、誰しもがプライドを傷つけられてムカッとくるものです。認知症の認知機能低下により、ささいなことでもイライラしやすかったり、昔のように長い間我慢することが難しくなっている側面もあります。そこで担当が声のかけ方に配慮しつつ、継続して関わることで顔認識が生まれ、信頼関係がつながったと考えられます。

演習：「衣類をタンスにしまう」／Ｂさん（男性、82歳、要介護３、AD）

職員の声かけを聞く

「短期記憶」

◎職員の声かけに**注意**を向け、内容に**集中**する。
◎衣類の名前を聞いて、衣類の**記憶**を思い出す。

衣類を持ちながら、タンスの引き出しを見る

「実行機能」

◎耳で聞いた衣類の名前を**記憶**しておく。
◎引き出しの名前とイラストを**注意**して確認していく。
◎衣類を引き出しのイラストや名前と見比べ、**判断**する。

さらに、生活行為を掘り下げると、声かけを聞く、タンスの引き出しを引くという行為の中にも、小さな生活行為が詰まっていることが分かります。例えば、Ｂさんにイラストや字へのこだわりが強ければ、衣類の名前をＢさん本人に書いてもらう、Ｂさんと一緒に実物の衣類をカメラで撮影して写真として貼るといった工夫が必要となります。また、認知機能に加えて、引き出しを握る力や引く力の低下がある時には、身体機能の低下に応じた物理的環境の応用も必要かと思います。

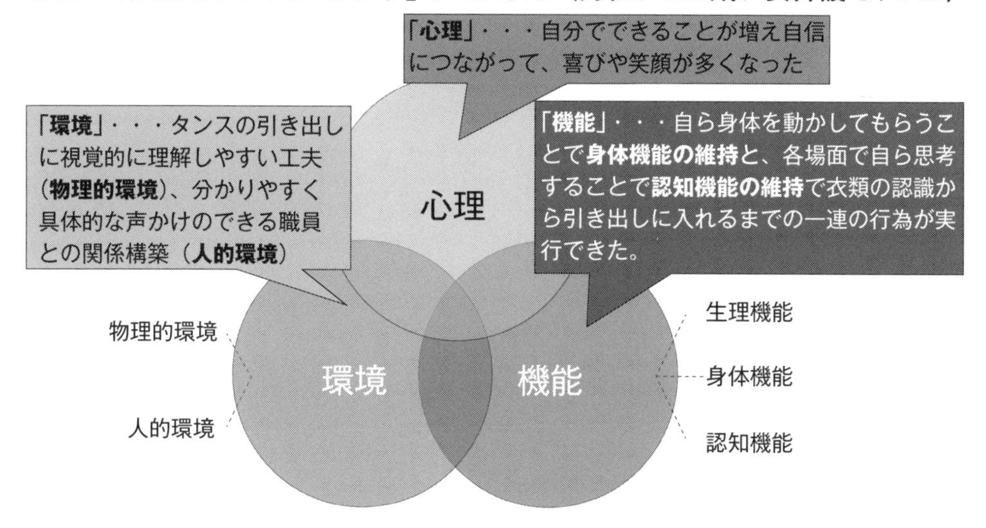

全体を振り返る視点で見ると、視覚的なイラストの表示の工夫（物理的環境）や丁寧な声かけのできる職員との信頼関係（人的環境）により、認知症で低下していた注意を向けたり判断したりするという認知機能のサポートとなり、「衣類をタンスにしまう」という一つの生活行為の成就に結びついたことが分かります。その主訴の実現によって、本人の自信や笑顔にも結びつきました。

このように、身近な高齢者の支援を考える際には、心理・機能・環境の三つの側面から、機能が変化した要因（ミクロ的視点）から小さな生活行為の変化、本人が生活行為を成就するための全体像（マクロ的視点）へとつなげながら一つのステップ毎に考えてゆくと分かりやすいです。

第４章 認知機能を活かすケアとは

本章では生活するうえでの基本的な五つの行為、すなわち食事、排泄、入浴、調理、買い物の流れを機能別に図表にして見ていきます。

（1）食事

①食事場所まで移動する
②食事席に座る
③喫食をする　箸・スプーンを使う
④喫食をする　咀嚼・嚥下をする
⑤食事席から立つ
⑥片付ける

（2）食事行為を成就するには：認知機能の視点から

（3）排泄

①トイレまで移動する
②下の衣類を下げる
③便座に座る
④排泄する
⑤処理をする
⑥下の衣類を上げる
⑦便器の後始末をする
⑧手を洗う

（4）排泄行為を成就するには：認知機能の視点から

（5）入浴

①着替えを用意する
②風呂場に移動する
③衣類を脱ぐ
④浴室内に移動する
⑤身体を洗う
⑥湯船につかる
⑦身体を拭く
⑧衣類を着る

(6) 入浴行為を成就するには：認知機能の視点から

(7) 調理

①台所に移動する
②器具・食材を用意する
③調理する
④盛り付ける
⑤配膳する
⑥調理台を片付ける

(8) 買い物

①必要品（財布等）を用意する
②自宅から店まで移動する
③品物を選んでかごに入れる
④お金を支払う
⑤買った物を袋に入れる
⑥家に持ち帰る

(9) 調理・買い物行為を成就するには：認知機能の視点から

1. 食事

①食事場所まで移動する

使われている機能

生理機能
・平衡感覚を保つ
・五感（視覚・聴覚・嗅覚・触覚・味覚）が働く
・空腹感を感じる

認知機能
・廊下や部屋の広さ、奥行き、段差等に注意して実行できる
・食事の場所が確認できる
視空間認知　見当識　判断力　注意力　実行機能　記憶力

身体機能
・手摺をつかむ
・補助具を使う
・歩く
下肢機能　上肢機能　手指機能

②食事席に座る

使われている機能

生理機能
・平衡感覚を保つ
・五感が働く
・空腹感を感じる

認知機能
・自分の食事席を認識できる
・安全に座る手順が実行できる
注意力　判断力　実行機能　記憶力視空間認知

身体機能
・テーブルや壁を持ち身体を支える
・バランスを保ちつつ、イスに座る
下肢機能　上肢機能　手指機能

③喫食をする　箸・スプーンを使う

使われている機能

生理機能

・平衡感覚を保つ
・五感が働く

認知機能

・口腔に入れる食塊の適量が判断できる
・食事内容に対して、箸等必要なものを選択し的確に使用できる
・自分が摂取する食事内容を認識できる

注意力　実行機能　判断力　記憶力
視空間認知

身体機能

・箸、スプーン、フォーク、ナイフを使って食塊を口腔に入れる
・両足底を床につけ、バランスを保ちつつ、継続してイスに座る

下肢機能　上肢機能　手指機能

④喫食をする　咀嚼・嚥下をする

使われている機能

生理機能

・嚥下反射が働く
・平衡感覚を保つ
・五感が働く

認知機能

・骨等食べられない物を認識し、除ける、口腔から取り出す等の行為が実行できる
・食事終了まで座位保持することを認識できる

注意力　記憶力　判断力　実行機能
視空間認知

身体機能

・座位を保つ
・口腔内の食塊をゆっくり咀嚼し、嚥下する
・どの器の食物もまんべんなく口腔に入れ食す

下肢機能　上肢機能　手指機能

⑤食事席から立つ

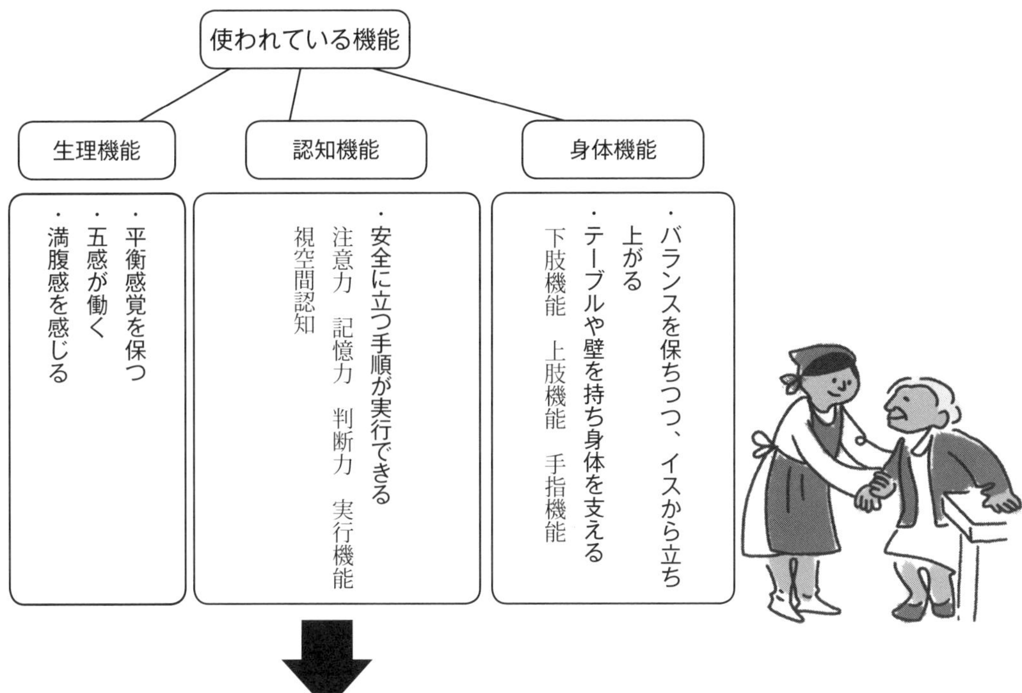

⑥片付ける

2. 食事行為を成就するには：認知機能の視点から

行為と認知機能の働き	ケアのあり方
◎時計を見て食事の時間を認識する。 **(視空間認知・見当識)**	◎時間を意識して言葉に出して伝える。 例：「今、朝の７時です。朝食にしませんか」 「あの時計で今、３時です。少しお腹が空きませんか」
◎日々の習慣から、食事の時間であることを理解する。 **(記憶・見当識)**	◎見やすい場所に掛け時計や、置き時計を設置する。 
◎視覚や聴覚をもとに経験から記憶を再認させ、食堂を想起する。 **(見当識・記憶)**	◎食事する場所を設ける。 ☆耳から「食堂」という言葉を聞き、目で「食堂」という文字や標識を見て、今までの経験から食堂という場所を理解していただきましょう（経験の無い方は想像できない）。 ◎テーブルクロス等で食堂の雰囲気（環境）をつくる。 ☆環境にメリハリをつけ、場所の違いで何をする所か繰り返しにより認識してもらいましょう。 ◎標識、図を見やすい場所に設ける。  記憶再生（元になる内容を見聞きしたことのない方は難しい） ◎目線を合わせ､「食堂に行きましょう」と同じ言葉で声をかける。 ☆簡潔な言葉で声かけをしましょう。

<table>
<tr><th>行為と認知機能の働き</th><th>ケアのあり方</th></tr>
<tr><td></td><td>☆毎回繰り返し同じ言葉を使いましょう。
☆標識（視覚からの情報）と簡潔な言葉がけ（繰り返しによる経験）の両方の機能を使って場所の理解を促しましょう。

</td></tr>
<tr><td>◎食堂までの距離、段差等を判断し、転倒等に注意を払い、安全に移動する。
（注意力・見当識・視空間認知・判断力・実行機能）</td><td>◎「段差があります」と段差を意識する内容で言葉かけをする。

◎段差には、高齢者が見えやすい色をつける。
☆弱視者の方には黄色、白内障の方には赤色が識別しやすいことを覚えておきましょう。

◎「○色の所は段差がありますよ」と、段差を意識できる内容で声をかける。

☆段差が見える（視覚からの情報）と「段差がありますよ」という言葉（聴覚からの情報）のそれらの繰り返しにより、危険の回避に意識を向けましょう。

◎「あわてずにゆっくりと行きましょう」と転倒等を意識する内容で言葉をかける。</td></tr>
<tr><td>◎いつも座っている位置や椅子の形、目印の形、色等、特徴を認識して自分が座る椅子を判断</td><td>◎テーブルや椅子に個別の名札を用意する。
☆名札の形を一人一人変えてみましょう。
例：十二支の絵を使い、生まれ年の記憶を活用する。</td></tr>
</table>

行為と認知機能の働き	ケアのあり方
する。 **(視空間認知・見当識・判断力・注意力)**	「○○さんは何年生まれですか」 「(名札を指差しながら) ○○さんの名札が置いてありますよ」などの声かけを行う。 ☆本人であることの理解(記銘力向上)のために名前を言いましょう。 例:好きな食べ物、好きな花等 「○○さんの好きな食べ物は何ですか」 「(椅子の背もたれ部分を指差しながら) ○○さんの名札が付いていますよ」など ☆簡潔な言葉で声かけをしましょう。 ☆椅子の目印等(視覚からの情報)と、椅子の位置の記憶(繰り返しによる経験)から自分の椅子を見つけられるようになります。  ◎次の行動を声にして伝える。 例:「椅子が後ろにあります」 「ゆっくりと座りましょう」など ☆理解可能な短い文章で、一つ一つ丁寧に伝えましょう。 ◎場所への戸惑いのある方は、壁ぎわ、物の横などに座っていただく。
◎食事をする。 ・記憶の再認から箸やスプーンを使って食すことを認識し、食事行為を行う。 **(実行機能・記憶力)**	◎「これがお箸です。右手に持ってください」と身体に触れながら言葉がけをし、一緒に箸を持って目の前で見せる。 ☆箸やスプーンに触る(触覚)と目で見る(視覚)の両方の機能を使って思い出すことができます。 
・経験により、一口量を判断し、	◎一緒に食事をしながら、箸を使っている様子を見せる。

行為と認知機能の働き	ケアのあり方
箸等を使って口腔に入れる。 **（判断力・実行機能・視空間認知・注意力）**	☆「一口の大きさにして、ゆっくり食べましょう」など、具体的にイメージできる言葉で、大きさを伝えましょう。
・記憶の再生により、食せるものかどうかを判断し、食べられないものはよける。 **（判断力・記憶力・注意力・実行機能・視空間認知）**	◎摂取しやすい大きさにして提供する。 ◎一緒に食事をし、一つ一つの食材の名前を呼称しながら、食べ物の認識を保つ。
・集中して食事をする。**（集中力）**	例：「この里芋と人参の煮付け、美味しいですね」  ◎一人分をお盆に載せ、量を明確にする。  ◎他者との関係、テレビなど意識が途切れるものを本人から離す。  ◎室温に気を配る。 ◎時と場合によっては朝、昼、夕食に合わせた静かな音楽をかける。 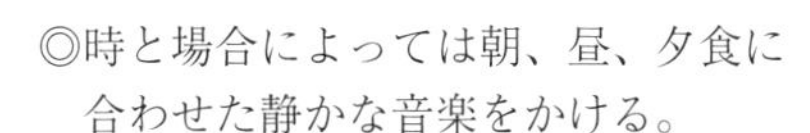  ◎介護者から他の話題を話しかけず、食事の話だけにする（あまり話をしすぎないように）。

○「絵を見て判断し、想像する」は、経験から学習し、記憶されているので「食堂だろう」に繋がっていると思います。経験からの記憶力、想像力、判断力、理解力が機能しないと、生活行為（食事行為）は成り立ちません。

○食べたことの無い物（例、イナゴ）を見て「これは食べられない」と判断します。しかし、認知機能が働く人は、食べられるから食品として提供されたと想像し、判断をするので、職員に尋ねたりして食に移行（食べるか、食べないかを判断）します。認知機能が働かない限り、自立した生活行為の成就はありません。

○「適切な条件のもと、繰り返し行うことで動作を覚える」は認知症（中核症状有）の方でも実行できる可能性はあります。これが認知機能障害を患った方に対する介護行為の一つの手段となり得るでしょう。

3. 排泄

①トイレまで移動する

使われている機能

生理機能	認知機能	身体機能
・括約筋を締める ・五感（視覚・聴覚・嗅覚・触覚・味覚）が働く ・平衡感覚を保つ	・トイレの場所が認識できる ・トイレまで我慢することが理解できる ・廊下やトイレの広さ、奥行き、段差等に注意して実行できる 視空間認知　実行機能　見当識 判断力　注意力　記憶力	・歩く ・補助具を使う ・手摺をつかむ 下肢機能　上肢機能　手指機能

②下の衣類を下げる

使われている機能

生理機能	認知機能	身体機能
・括約筋を締める ・五感が働く ・平衡感覚を保つ	・便座を認識する ・まだ排泄してはいけないことが理解できる ・下の衣類を下げる行為を認識し、実行できる 視空間認知　注意力　判断力 実行機能　記憶力	・便座の前でバランス良く立つ ・ボタン・ファスナーを外してズボンを下げる ・下着を下げる 下肢機能　上肢機能　手指機能

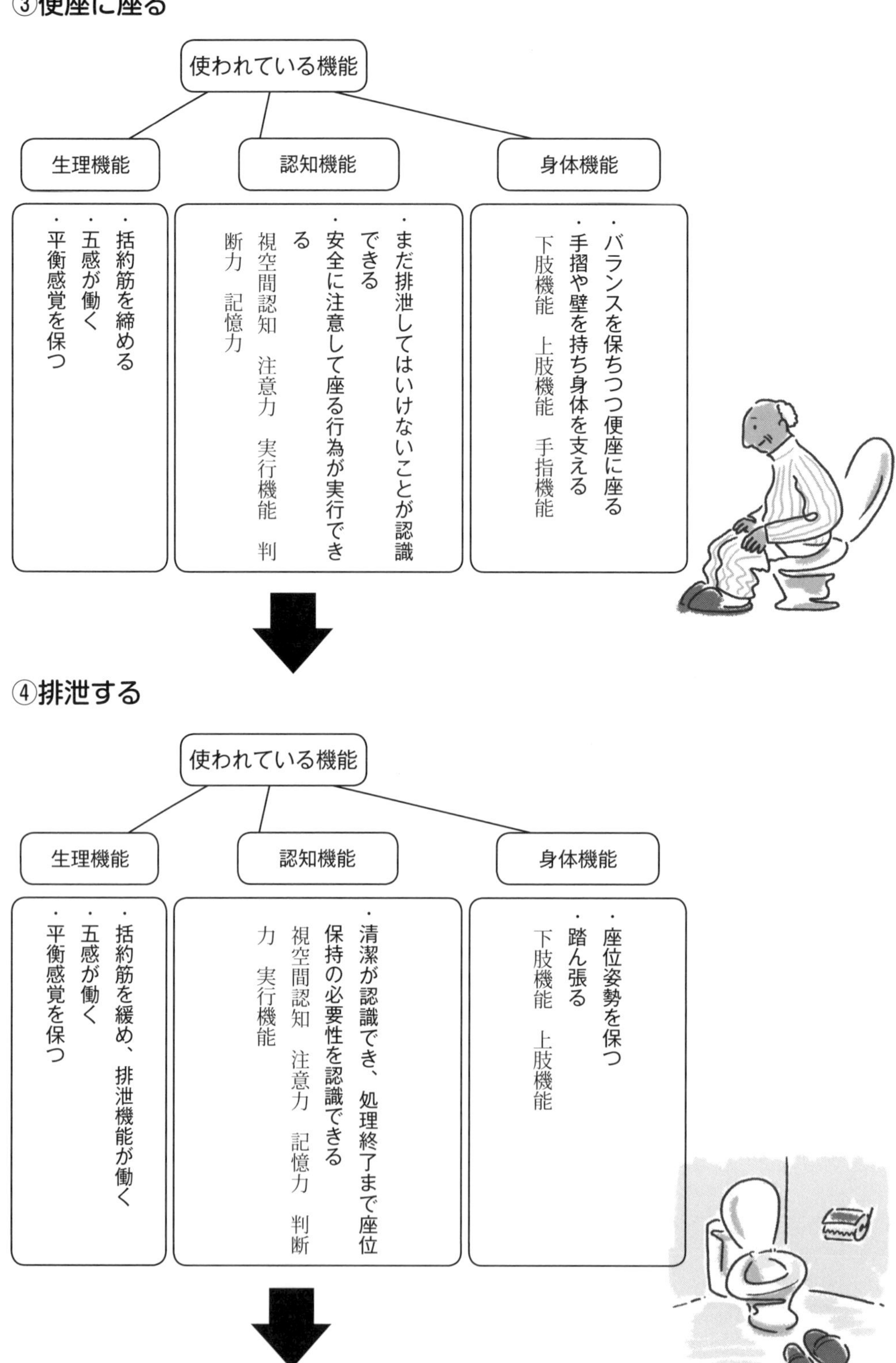

③便座に座る
使われている機能
生理機能
認知機能
身体機能
・括約筋を締める
・五感が働く
・平衡感覚を保つ
・まだ排泄してはいけないことが認識できる
・安全に注意して座る行為が実行できる
視空間認知　注意力　実行機能　判断力　記憶力
・バランスを保ちつつ便座に座る
・手摺や壁を持ち身体を支える
下肢機能　上肢機能　手指機能
④排泄する
使われている機能
生理機能
認知機能
身体機能
・括約筋を緩め、排泄機能が働く
・五感が働く
・平衡感覚を保つ
・清潔が認識でき、処理終了まで座位保持の必要性を認識できる
視空間認知　注意力　記憶力　判断力　実行機能
・座位姿勢を保つ
・踏ん張る
下肢機能　上肢機能

⑤処理をする

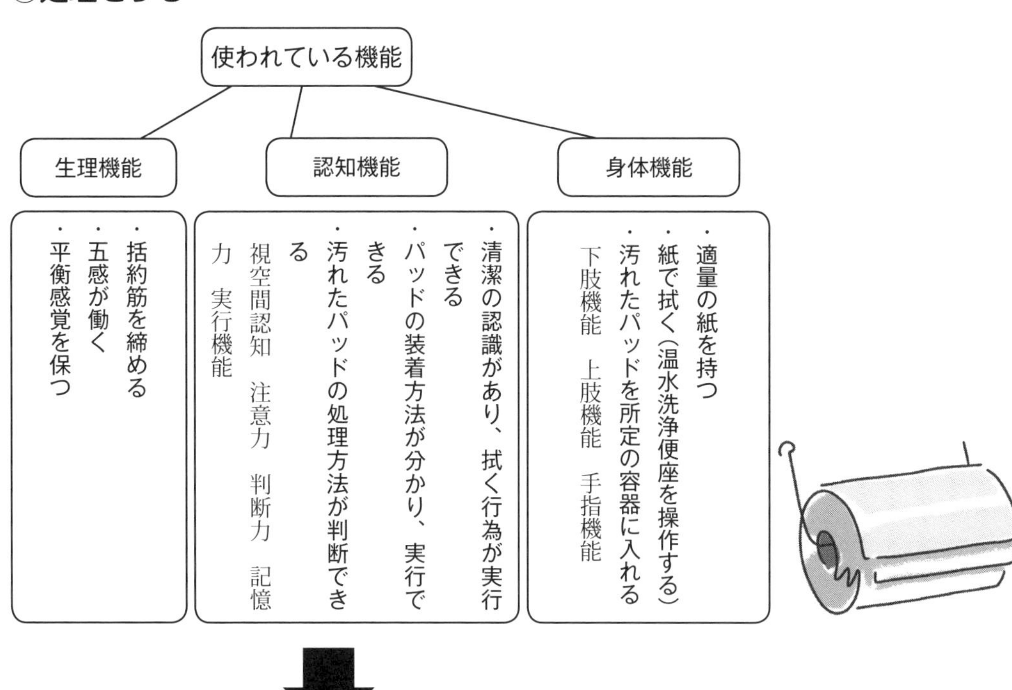

⑥下の衣類を上げる

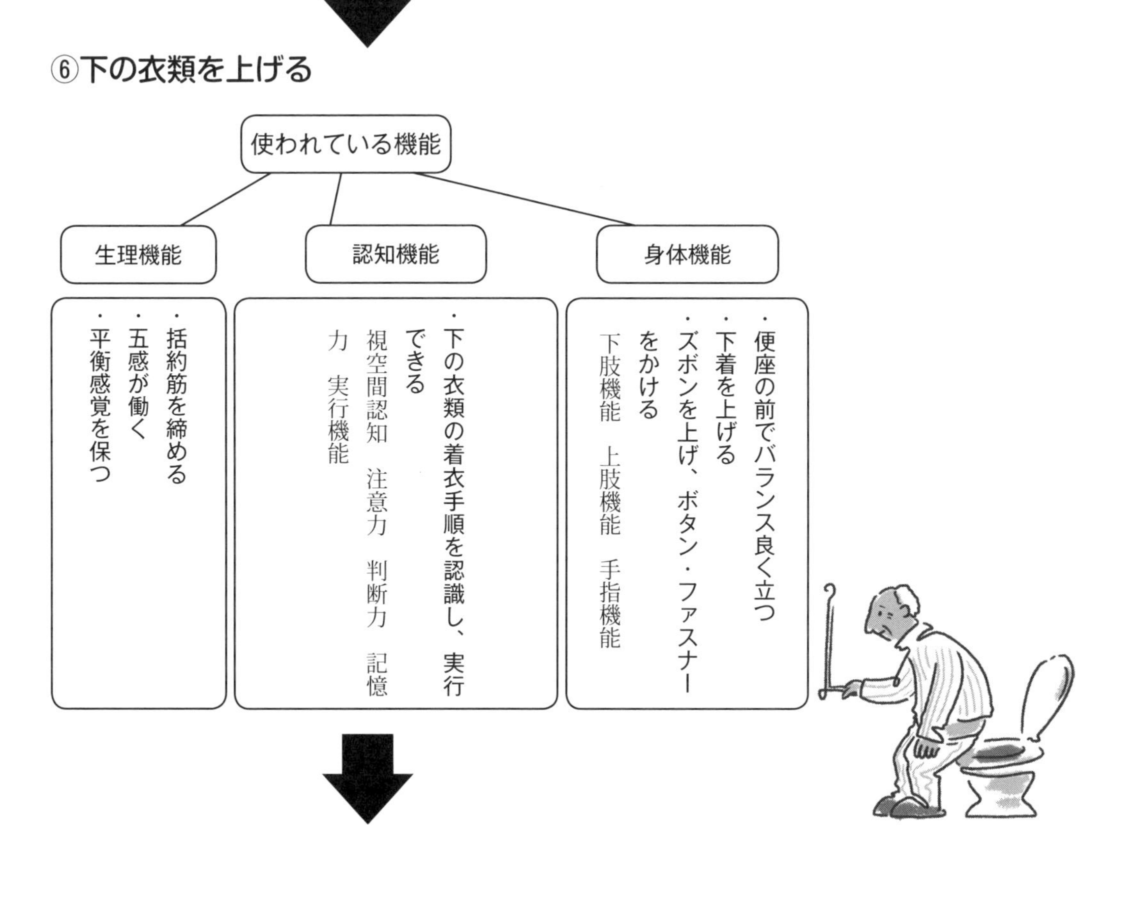

⑦便器の後始末をする

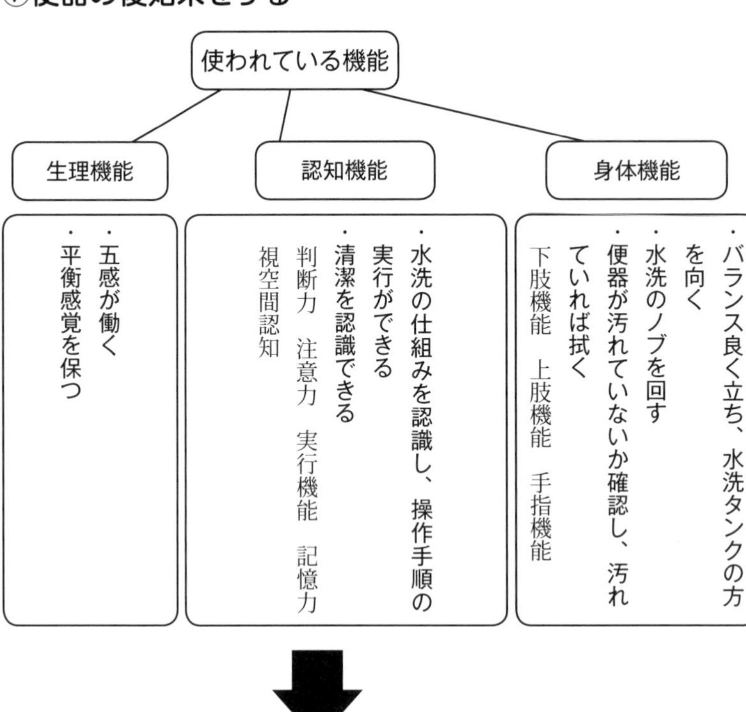

⑧手を洗う

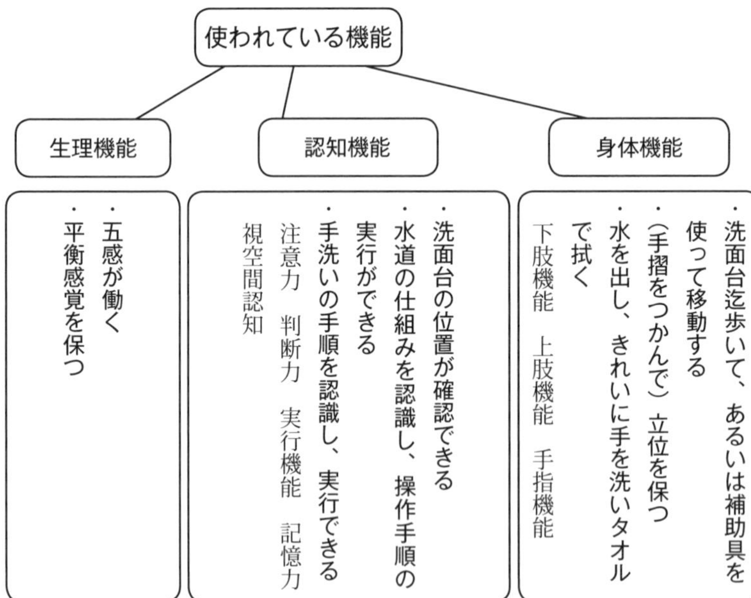

4. 排泄行為を成就するには：認知機能の視点から

行為と認知機能の働き	ケアのあり方
◎排泄感覚を認知し、抑制コントロールを働かせながらトイレの場所を想起する。 **（記憶力・判断力・見当識）**	◎排泄する場所を近くに設ける。 ☆排泄感覚を感じた時に、トイレの場所が認知できる環境をつくりましょう。 ◎しぐさを理解し、トイレに誘導する。 ☆ソワソワした仕草、部屋を探している行動を注意深く観察しましょう。 ☆「W.C.」は経験として記憶していない高齢者が多いと思われます。「便所」という言葉により記憶が再生されます。
◎過去の経験により覚えている標識を掲示し、記憶を再生する。 **（記憶力・判断力・見当識・視空間認知・注意力）**	◎標識や図を見える場所に設ける。 例：   ☆標識を認知した経験から便所を想像してもらいましょう。 ◎目を合わせ、今までの経験から呼びなれていて、認知できる言葉で声をかける。 例：「便所（ご不浄）に行きましょう」 ☆標識（視覚からの情報）と簡潔な言葉がけ（繰り返しによる経験）の両方の機能を使って便所の場所の理解を促しましょう。

行為と認知機能の働き	ケアのあり方
	◎夜間は便所まで通路の明かりを点けておく。 
◎トイレまでの距離、段差等を判断し、転倒などに注意を払い、安全に移動する。 **(注意力・見当識・視空間認知・判断力・実行機能)**	◎トイレまでの通路に段差のある所があれば、「段差があります」と段差を意識する内容で言葉かけをする。 ◎段差には、高齢者が見えやすい色をつける。

	☆弱視者の方には黄色、白内障の方には赤色が識別しやすいです。 ◎トイレの戸口などに段差がある場合には「○色の所は段差がありますよ」と、段差を意識する内容で声をかける。

	☆段差が見える（視覚からの情報）と「段差がありますよ」という言葉（聴覚からの情報）のそれらの繰り返しにより、危険の回避に意識を向けましょう。 ◎「あわてずに、ゆっくりと行きましょう」と転倒等を意識する内容で声をかける。

行為と認知機能の働き	ケアのあり方

◎トイレの場所を理解し、扉を開けて、トイレ内の電灯の位置を認識する。 **（見当識・視空間認知・判断力・実行機能）**	◎場所の理解を促すために、標識や図を扉に貼る。 便　所　　ご不浄 ◎ドアノブを昔なじみの物に替える。 ☆ドアの場合、取っ手をつまめるような凸型にしましょう。  ◎できれば引き戸が良い。（引き戸の体験をほとんどの人がもっている） ☆引き手のついた引き戸が良いです。
◎記憶により、電灯のスイッチの意味、入れ方を認識し、実行する。 **（記憶力・判断力・実行機能）**	◎電灯のスイッチを昔なじみの形に変更する。 ◎電灯のスイッチに、夜光塗料のシールを貼り、分かりやすくする。
◎トイレ内の空間を認知し、便器を見て記憶を再認させ、ここで排泄することを認知する。 **（視空間認知・記憶力・判断力）**	◎本人の視野に合わせ、便座に座っているイラストを貼る。 ◎「便所です。用を足しましょう」などと、理解できる言葉を使って声をかける。 ◎イラストを見てもらいながら、「便所です。この絵のように蓋を開けて座りましょう」と、繰り返し同じ言葉をつかう。

行為と認知機能の働き	ケアのあり方
	☆イラスト等（視覚からの情報）と、言葉かけ（繰り返しによる経験）の両方の機能を使って自立を促しましょう。
◎排泄するには衣類を下げ、便器に座らなければいけないことを認識してもらい、実行する。 **（記憶力・実行機能）**	◎一つ一つの動作について丁寧に言葉をかける。 例：「ズボンを膝まで下ろしましょう」 「ゆっくりと座りましょう」 ☆簡潔な言葉かけをしましょう。  ◎腰ゴムのズボンを活用する。暖かい衣類を着用し、重ね着を避ける。 ☆ボタンやホックなど、細かな作業が必要な物は避けましょう。
◎排泄をする。 （括約筋を締め、腹圧をかけ、膀胱・直腸の収縮により排泄機能が作用する）	◎排泄姿勢を整える。 ☆足をひいて、地に足がつくように（踏み台の活用）します。 ◎排泄行為を促しましょう。 ☆腹部マッサージや、想像できる言葉かけ（例えば「ジャー」「うーん」）をする。 ※羞恥心への配慮と気配りを忘れずに。 ☆便所の水を流し、音による刺激で記憶を思い出してもらいましょう。 ☆肛門付近を温かい布で拭いたり、温水洗浄便座を使って刺激を与えることも考えましょう（温かさの刺激）。 ◎障害者用など、広い便所は避ける。
◎動いてはいけないことを判断でき、排泄に集中する。 **（視空間認知・注意力・判断力）**	◎温度は居室等と同じようにする（急な温度変化は避ける）。 ◎「出て良かったですね」と、どんな時も笑顔で言葉がけをする。  ☆失敗しても、決して責めたり、怒ったりしない。羞恥心を大切にしましょう。

行為と認知機能の働き	ケアのあり方
◎記憶の再認により、清潔の意味を認識し、一連の行為を実行する。 ・ロールペーパーを使ってお尻を拭く。 **（記憶力・判断力・注意力・実行機能）**	◎便座に座っている姿勢の視野（壁等）に「お尻はきれいに拭いてね」と書いた貼り紙をする。 ☆文字を読み、必要性を思考する環境をつくりましょう。 ※ロール状だと紙との認識が困難である。また、ロール紙を伸ばし、適切な長さに切るのは難しい。 ◎ロールペーパーを１回分ごとに分けて置いておく。
・レバーを引いて排泄物を水で流す。 **（実行機能・記憶力）**	◎落とし紙を設置する。 ☆昔使用していたなじみの環境に合わせましょう。 ◎「水が流れる」「水を流しましょう」などと、レバーの付近に貼り紙を貼る。 ◎手桶に水を汲んで置いておき、自ら便器に流してもらう。
◎下の衣類を整えて、居室にもどる。 **（実行機能・注意力・判断力・視空間認知）**	◎一つ一つの行動について丁寧に声をかける。 例：「順番にパンツから履きましょう」 「ズボンをゆっくり上げましょう」 ズボンをゆっくり 上げましょう

〇排泄は、身体の生理的機能と深く関わった行為であると共に、大変プライベートな行為であるため、人が何よりも自立の継続を望む生活行為です。又、生きてきた時代背景や地域・慣習によって排泄の習慣は大きく異なり、経験としての記憶の蓄積（保持）と活用（再認）は、お世話の在り方（ケア）にも大きく影響します。

〇排泄にたとえ失敗した場合でも「出て良かったですね」と笑顔で言葉かけを必ずしましょう。人は生命維持のために排泄が絶対必要です。また、排泄を我慢することで便秘になったり、排尿の失敗を心配して水分摂取を控えたりするなど、体調維持に影響を及ぼします。

○高齢者は排泄の介護を「申し訳ない」「すまない」と遠慮や我慢されることがあります。「気を遣わずにいつでも声をかけてください」「我慢されるとお体に差し障りが出てしまいますよ。気軽に声をかけてください」などの言葉をかけましょう。

○排泄は、尿意・便意を認知してから行為に至るまで、生理的機能が働くため、時間的にあまり余裕がなく、便所の場所・便器の認識・下の衣類の脱衣と座位保持等の行為に、ある程度の迅速性が要求されます。見当識・記憶力・注意分割力・実行機能など認知機能の維持が、まさしく排泄行為の自立を左右するのです。

○認知機能が低下された認知症の方でも、便所の場所や便器の認識等を想起させる刺激を繰り返し行うことで習慣化を促していけば、行為の改善に向かう可能性があります。そのようなお世話の在り方（ケア）を模索し実行していくことがわれわれ援助者の役割なのです。認知機能が働かない限り、自立した生活行為の成就はありません。

認知機能から中核症状の認識を深め、ケアの側から中核症状の改善を模索していくことが、認知症ケアの第一歩であると考えます。

5. 入浴

①着替えを用意する

使われている機能

生理機能	認知機能	身体機能
・五感（視覚・聴覚・嗅覚・触覚・味覚）が働く ・平衡感覚を保つ	・必要な衣類と収納している場所が認識できる ・季節に合った衣類を選択できる 視空間認知　実行機能　見当識 判断力　注意力　記憶力	・引出しの前でバランス良く立つ ・必要な衣類の入っている引出しを開ける ・衣類を取り出す 下肢機能　上肢機能　手指機能

②風呂場に移動する

使われている機能

生理機能	認知機能	身体機能
・五感が働く ・平衡感覚を保つ	・風呂場の場所が認識できる ・廊下や風呂場の広さ、奥行き、段差等に注意して実行できる 視空間認知　見当識　注意力 判断力　実行機能　記憶力	・着替えの衣類を持ち、歩く ・補助具を使う ・手摺や壁を持つ 下肢機能　上肢機能　手指機能

③衣類を脱ぐ

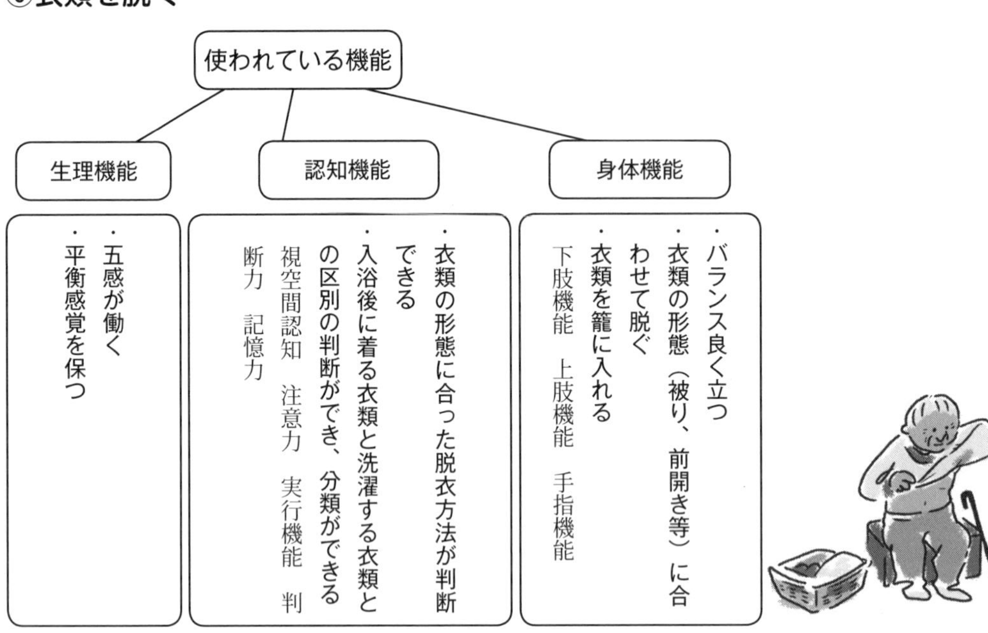

④浴室内に移動する

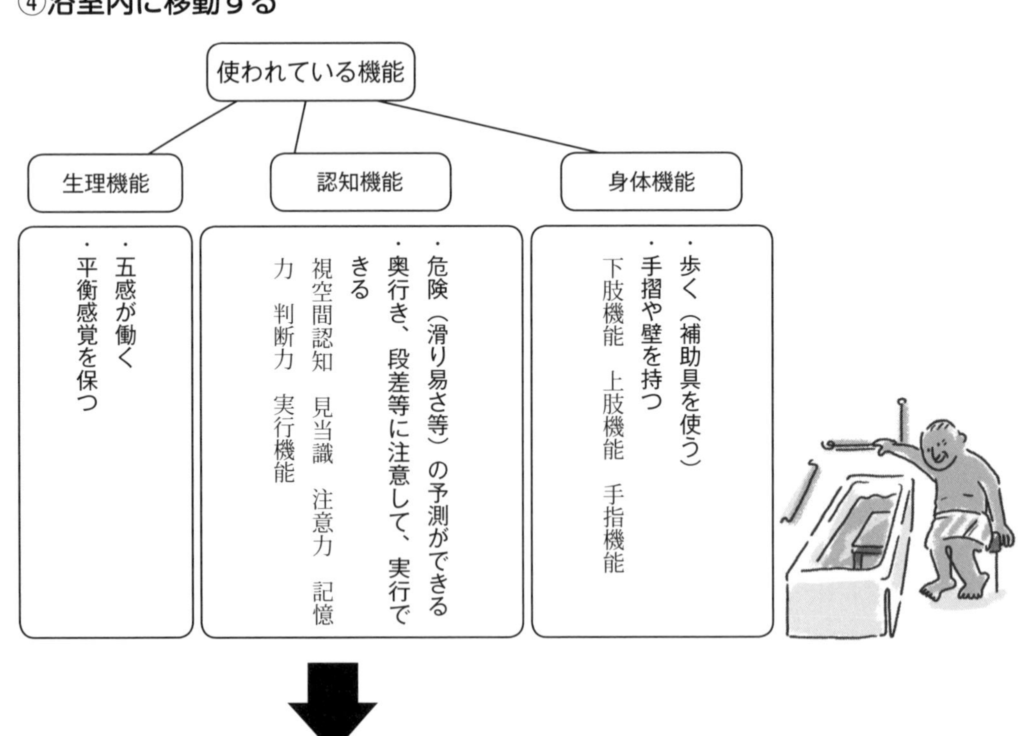

⑤身体を洗う

使われている機能

生理機能

・五感が働く
・平衡感覚を保つ

認知機能

・湯温の調節、カランの操作が実行できる
・必要物品の用途や分量が判断でき、実行できる
・洗体行為の方法が認識でき、実行できる
視空間認識　注意力　判断力　記憶力　実行機能

身体機能

・バランスを保ちつつカランの前で椅子に座る
・石鹸、タオル、シャンプー等を使って全身を洗う
・身体に湯をかけ石鹸を洗い流す
下肢機能　上肢機能　手指機能

⑥湯船につかる

使われている機能

生理機能

・五感が働く
・平衡感覚を保つ
・血圧、体温、脈拍等の変動

認知機能

・湯船の縁の高さ、中の深さを認識し、注意して実行できる
・生理機能の変動を意識し、湯から上がるタイミングを判断できる
視空間認識　注意力　判断力　記憶力　実行機能

身体機能

・湯船の縁を跨いで湯船の中に入る
・静かに湯に浸かる
・湯から上がる
下肢機能　上肢機能　手指機能

⑦身体を拭く

使われている機能

生理機能
- 五感が働く
- 平衡感覚を保つ
- 血圧、体温、脈拍等の調整

認知機能
- 危険（滑り易さ等）の予測ができる
- 奥行き、段差等に注意して、実行できる
- 必要物品を認識し、実行できる

視空間認知　判断力　注意力　実行機能　記憶力

身体機能
- 脱衣室まで歩く（補助具を使う）
- 手摺や壁を持つ
- バランス良く立位をとりながらタオルで身体を拭く

下肢機能　上肢機能　手指機能

⑧衣類を着る

使われている機能

生理機能
- 五感が働く
- 平衡感覚を保つ

認知機能
- 着衣の手順が認識でき、衣類毎の着衣方法が判断できる

視空間認知　注意力　判断力　実行機能　記憶力

身体機能
- バランス良く立つ
- 着衣の順番通りに着る
- 衣類の着方（被り、前開き等）に合わせて着る

下肢機能　上肢機能　手指機能

6. 入浴行為を成就するには：認知機能の視点から

行為と認知機能の働き	ケアのあり方
◎記憶を再認し、季節と入浴後の保温を考慮して、着替えの衣類を用意する。 **(見当識・視空間認知)** 	◎絵をタンスの見える所に貼る。  ◎季節感を理解しやすい言葉がけをする。 例：「窓の外は寒そうですね」 「今は８月のお盆の時季ですね」など ☆タンスの絵（視覚からの情報）と、季節に関する話（聴覚）の両方の機能を使って、適切な衣類を選ぶ環境をつくりましょう。 ◎必要な衣類を書いた紙を見ながら、一緒に準備をする。 ☆一つ一つ名称と個数を読み上げ、視覚と聴覚の機能を使って〈思考する〉環境をつくりましょう。  ◎かごを持っていただき、職員が「肌色の下着１枚」「ピンク色のブラウス１枚」と声に出しながら手渡す。渡された衣類をかごに入れる行為をしていただく。

行為と認知機能の働き	ケアのあり方
◎視覚や聴覚をもとに、経験から記憶を再認させ、お風呂場を想起する。 **(見当識・記憶)**	◎標識、図、のれんなどを見える場所に設置する。 
◎着替えを持って、お風呂場まで移動する。 **(視空間認知・見当識)**	◎目線を合わせ、「お風呂場に行きましょう」と同じ言葉を使う。 ☆簡潔な言葉かけをしましょう。 ☆毎回繰り返し、同じ言葉を使いましょう。 
◎お風呂場までの距離、段差等を判断し、転倒などに注意を払い、安全に移動する。 **(注意力・見当識・視空間認知・判断力・実行機能)**	◎お風呂場までの経路に段差のある所があれば、「段差があります」と段差を意識できる内容で言葉かけをする。 ◎段差には、高齢者が見えやすい色をつける。  ☆弱視者の方には黄色、白内障の方には赤色が識別しやすいです。 ◎脱衣所とお風呂場の境などでは、「○色の所は段差がありますよ」と、段差を意識できる内容で声をかける。 

行為と認知機能の働き	ケアのあり方
	☆段差が見える（視覚からの情報）と「段差がありますよ」という言葉（聴覚からの情報）のそれらの繰り返しにより、危険の回避に意識を向ける。
◎着脱室の空間を認知し、移動の邪魔にならない場所に衣類のかごを用意する。 **（視空間認知・注意力・判断力・実行機能）**	◎「あわてずに、ゆっくりと行きましょう」と、転倒等を意識する内容で声をかける。  ◎身体の部位に触れながら、 「ボタンを上からゆっくり外しましょう」 「左手から脱ぎましょう」 などと、一つ一つ声をかける。  ☆触れる場所と言葉のかけ方をあわせましょう。 ☆同じ順番で毎日繰り返し行いましょう。 ◎前と後ろが分かるように印を付ける。 例：前身頃に赤いリボンをつけ、「赤いリボンが前ですよ」と簡潔な言葉かけを行う。 ◎腰ゴムのズボンを着用、暖かい衣類で重ね着を避ける。 ☆ボタンやホックなど細かな作業が必要な物は避けましょう。
◎入浴後の着替えと脱いだ服を一緒にしないよう判断して、脱衣し、脱いだ服は洗濯用のかごに入れていく。 **（見当識・視空間認知・判断力・実行機能）**	◎脱ぐ順番を書いた紙を用意する。この紙を一緒に見ながら言葉で読みあげ脱いでもらう。  1 上着 2 ブラウス 3 スカート ……

行為と認知機能の働き	ケアのあり方
	☆同じ順番で繰り返し行いましょう。 ☆視覚、聴覚の機能を使って、〈思考する〉環境をつくりましょう。 ◎洗濯用のかごを用意し、脱いだ時に一つずつ洗濯の必要を判断してもらう。 ☆脱いだその手で不潔、清潔を判断しましょう（着ていたぬくもり等の認知で、実感できる時に思考してもらいましょう）。
◎浴室内の空間を認知し、床面の滑りやすさや段差等を判断し、転倒に注意しながら浴室に移動する。 **（視空間認知・判断力・注意力・実行機能）** 	◎扉に図やイラストを貼る。  ☆イラストを認識し、今までの記憶を思い出す（思考する）機会をつくり、浴室を認識する環境を用意しましょう。 ◎「段差があります」と段差を意識できる内容で言葉かけをする。 ◎段差には、高齢者が見えやすい色をつける。 ☆弱視者の方には黄色、白内障の方には赤色が識別しやすいです。 ◎「○色の所は段差がありますよ」と、段差を意識できる内容で声をかける。

行為と認知機能の働き	ケアのあり方
	☆段差が見える（視覚からの情報）と「段差がありますよ」という言葉（聴覚からの情報）のそれらの繰り返しにより、危険の回避に意識を向けてもらいましょう。
◎バスチェアの高さや位置、床面の滑りやすさを判断し、注意して腰を降ろす。 **（視空間認知・判断力・注意力・実行機能）**	◎「先ずは座って身体を洗いましょうね」などと、次に行うことを言葉で伝える。  ☆最初だけ、お手伝いし、洗い方を思い出した時点で見守るようにしましょう。 ◎その部位に触れながら声をかける。 例）「先ずは首から洗いましょう」 「右手を洗いましょう」など  ☆触れる場所と、言葉のかけ方を合わせましょう。 ☆洗う順番を決めましょう（繰り返し）。 ◎昔の習慣で記憶に残っている固形石鹸を使用する。 ☆対象者の記憶機能を使って、なじみの環境に合わせましょう。
◎記憶を再認して、タオル、石鹸、洗面器等の使い方を認識し、洗体の手順を考えて身体を洗う。 **（記憶力・視空間認知・判断力・注意力・実行機能）**	◎「シャンプー」「頭のせっけん」等、理解できる文字で大きく目印を書く。 ☆視覚での認知により、思考する環境をつくりましょう。 ◎介護行為を声に出し、物の名称等を思い出す（思考する）環境をつくる。 例：「石鹸とタオルで身体を洗いましょう」 

行為と認知機能の働き	ケアのあり方
◎過去の経験を想起し、火傷に留意しながらカランを操作して熱湯と水を調整してお湯を出す。 **（実行機能・注意力・判断力・視空間認知）**	◎できれば、昔なじみの蛇口を取り付ける。 
◎経験により、記憶から危険を認識し、熱湯等や器具の先や角などに触れないように注意を払う。 **（注意力・判断力・実行機能・視空間認知）**	◎危険な場所に「注意」「危ない」等も、合わせて貼っておく。 
◎バスチェアの高さや位置、床面の滑りやすさを判断し、注意してチェアから立ち上がり、湯船につかる。 **（視空間認知・実行機能・注意力・判断力）**	◎浴槽の縁に腰をかけながら、足からゆっくりと入ってもらい、不安を解消し、気持ち良さを体感してもらう。 ☆時には「一緒に入りましょう」と、介護者が先に足まで浸かって見せることが有効な場合もあります。 
◎経験により、記憶から石鹸の泡で滑るなどの危険を認識し、床にお湯を流す等、転倒予防の行為を行う。 **（視空間認知・注意力・判断力・実行機能）**	◎関心のあることに関連した言葉かけをする。 例：「ゆっくり温もると健康に良いですよ」 「お通じを良くするためにゆっくりと温もってね」など  ☆「健康に良い」「お通じが良くなる」等、身体を温める必要性を理解しやすい言葉で伝えましょう。

行為と認知機能の働き	ケアのあり方
◎風呂場と脱衣場の空間を認識し、段差等を判断して、風呂場から出る。 **（視空間認知・注意力・判断力・実行機能）**	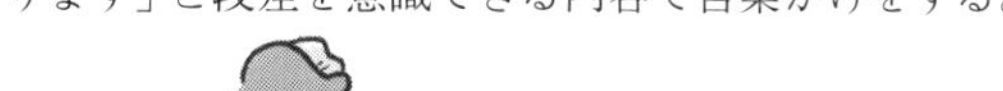 ◎「段差があります」と段差を意識できる内容で言葉かけをする。  ◎段差には、高齢者が見えやすい色をつける。 ☆弱視者の方には黄色、白内障の方には赤色が識別しやすいです。 ◎「○色の所は段差がありますよ」と、段差を意識できる内容で声をかける。 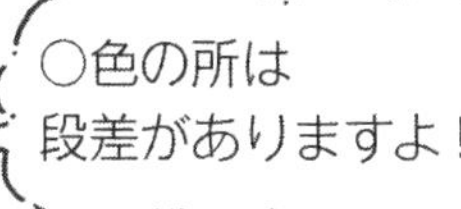 ☆段差が見える（視覚からの情報）と「段差がありますよ」という言葉（聴覚からの情報）のそれらの繰り返しにより、危険の回避に意識を向けてもらいましょう。  ◎手すり、滑り止めマット等の補助用具を活用する。 ◎「身体を拭いていきましょう」などと身体に触れながら声をかける。
◎自分の衣類の入っている衣類かごを認識し、タオルを取り出して身体を拭く。 **（視空間認知・注意力・判断力・実行機能）**	☆身体の部位を理解する（思考する）ように、触れながら声をかけましょう。 ◎着る順番を書いた紙を見ながら着てもらう。 

行為と認知機能の働き	ケアのあり方
	◎体の部位に触れながら具体的に声をかける。 例：「まずは右足をここに入れましょう」 「このボタンがあるほうが前ですよ」など  ☆毎回同じ順番で声をかけるようにしましょう。 ☆繰り返し行いましょう。

○入浴は排泄と同様に大変プライベートな行為であり、同性介護への配慮が必要である等、人が最も自立の継続を望む生活行為の一つです。また、場面によっては、転倒等の大きなリスクを招くこともあり、見当識、判断力、注意力、視空間認知、実行機能等、認知機能の継続が入浴の安全な自立行為に繋がります。

○入浴行為は衣類の着脱行為と浴室内での洗身・入浴行為の二つに大別されます。衣類の着脱では注意力、視空間認知、実行機能等の認知機能の低下が起こると、更衣失行により、混乱を来たし脱着ができなくなります。また、浴室内での洗身・入浴行為も同機能の低下により、道具が使えない（失行）、身体を洗う手順が分からない（実行機能障害）などの他、床面の段差や湯船の水深の誤差により事故に繋がる可能性も高くなります。

○認知機能が低下された方には、鏡等を利用して衣類の脱着の方法や入浴行為を想起させる刺激を繰り返し行うことで、習慣化を促していけば、行為の改善に向かう可能性があります。

7.　調理

①台所に移動する

使われている機能

- **生理機能**
  - ・五感（視覚・聴覚・嗅覚・触覚・味覚）が働く
  - ・平衡感覚を保つ
- **認知機能**
  - ◎調理の計画を立て、計画に沿って実行できる
  - ・廊下や台所の広さ、奥行き、段差等に注意して実行できる
  - ・台所の場所が認識できる
  - 視空間認知　実行機能　見当識
  - 判断力　注意力　記憶力
- **身体機能**
  - ・手摺や壁を持つ
  - ・補助具を使う
  - ・歩く
  - 下肢機能　上肢機能　手指機能

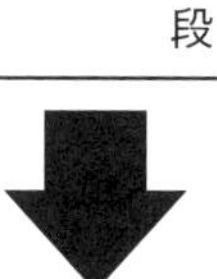

②器具・食材を用意する

使われている機能

- **生理機能**
  - ・五感が働く
  - ・平衡感覚を保つ
- **認知機能**
  - ◎調理の計画を立て、計画に沿って実行できる
  - ・器具や食材と収納場所が認識できる
  - ・人数分の分量が認識でき、必要な器具の大きさや食材の量を判断できる
  - 視空間認知　見当識　注意力
  - 判断力　実行機能　記憶力
- **身体機能**
  - ・所定の収納場所から器具や食材を取り出す
  - ・調理台の前で立ちバランスを保ちつつ、作業する
  - 下肢機能　上肢機能　手指機能

③調理する

使われている機能

生理機能	認知機能	身体機能
・五感が働く ・平衡感覚を保つ	◎調理の計画を立て、計画に沿って実行できる ・複数品の調理を、出来上がり時間を考慮し並行して実行できる ・熱源の操作や始末を含め、安全に実行できる 注意力　実行機能　判断力　記憶力 視空間認知	・米を洗って水加減を間違えずに炊く ・調理法に沿って洗う、切る、茹でる、炊く、炒める、煮る、揚げる等の作業をする ・調味料を間違えずに味付けする 下肢機能　上肢機能　手指機能

④盛り付ける

使われている機能

生理機能	認知機能	身体機能
・五感が働く ・平衡感覚を保つ	◎調理の計画を立て、計画に沿って実行できる ・必要な器の判断ができる ・人数分の分配量が判断できる 注意力　記憶力　判断力　実行機能 視空間認知	・人数分を料理毎に盛り付ける 下肢機能　上肢機能　手指機能

⑤配膳する

使われている機能

生理機能
- ・五感が働く
- ・平衡感覚を保つ

認知機能
- ◎調理の計画を立て、計画に沿って実行できる
- ・一食分の認識ができる

注意力　判断力　記憶力　実行機能
視空間認知

身体機能
- ・バランスを保ちつつ、食卓に料理を運ぶ
- ・一食分ずつまとめて置き、人数分の配膳をする

下肢機能　上肢機能　手指機能

⑥調理台を片付ける

使われている機能

生理機能
- ・五感が働く
- ・平衡感覚を保つ

認知機能
- ◎調理の計画を立て、計画に沿って実行できる
- ・器具の洗浄方法や収納場所が認識できる
- ・清潔の認識と、処理方法の判断ができる
- ・熱源等の安全確認が実行できる

注意力　判断力　記憶力　実行機能
視空間認知

身体機能
- ・使用した調理器具を洗浄する
- ・調理器具を所定の位置に戻す
- ・厨芥の処理をする

下肢機能　上肢機能　手指機能

8. 買い物

①必要品（財布等）を用意する

使われている機能

生理機能	認知機能	身体機能
・五感（視覚・聴覚・嗅覚・触覚・味覚）が働く ・平衡感覚を保つ	◎買い物の計画を立て、計画に沿って実行できる ・必要物品の認識ができる ・貨幣価値の認識ができる 視空間認知　判断力　注意力 実行機能　記憶力	・購入するものを紙に書く ・財布を用意し、現金を入れる ・買い物リスト、財布、袋を持つ 下肢機能　上肢機能　手指機能

②自宅から店まで移動する

使われている機能

生理機能	認知機能	身体機能
・五感が働く ・平衡感覚を保つ	◎買い物の計画を立て、計画に沿って実行できる ・店舗の場所と道順が認識できる ・段差や起伏、交通ルールを認識し、安全に実行できる 視空間認知　見当識　注意力 判断力　実行機能　記憶力	・必要物品を持って出かける ・歩く（補助具を使う） ・信号で立ち止まる 下肢機能　上肢機能　手指機能

③品物を選んでかごに入れる

使われている機能

生理機能	認知機能	身体機能
・五感が働く ・平衡感覚を保つ	◎買い物の計画を立て、計画に沿って実行できる ・リストと現物とを照合し、選択の判断ができる 実行機能　視空間認知　見当識　注意力　判断力　記憶力	・かごを持ち、店内を歩く ・購入物品をかごに入れる 下肢機能　上肢機能　手指機能

④お金を支払う

使われている機能

生理機能	認知機能	身体機能
・五感が働く ・平衡感覚を保つ	◎買い物の計画を立て、計画に沿って実行できる ・貨幣価値が認識できる ・貨幣経済の仕組みが認識でき、ルールの下に実行できる 視空間認知　注意力　記憶力　判断力　実行機能	・購入物品を持ち、レジの前で並ぶ ・代金を支払う ・品物を受け取る 下肢機能　上肢機能　手指機能

⑤買った物を袋に入れる

使われている機能

生理機能	認知機能	身体機能
・五感が働く ・平衡感覚を保つ	◎買い物の計画を立て、計画に沿って実行できる ・品質の違いを認識できる ・破損しない方法を判断し、実行できる 注意力　判断力　記憶力　実行機能 視空間認知	・品物を手に持ち、袋に入れる 下肢機能　上肢機能　手指機能

⑥家に持ち帰る

使われている機能

生理機能	認知機能	身体機能
・五感が働く ・平衡感覚を保つ	◎買い物の計画を立て、計画に沿って実行できる ・家と道順が認識できる ・段差や起伏、交通ルール等を認識し、安全に実行できる 視空間認知　見当識　注意力　判断力　記憶力　実行機能	・購入物品と持参物品を持つ ・歩く（補助具を使う） ・信号で立ち止まる 下肢機能　上肢機能　手指機能

9. 調理・買い物行為を成就するには：認知機能の視点から

行為と認知機能の働き	ケアのあり方
◎冷蔵庫等の食材を確認して、買い物するための必要な表をつくる。 **（判断力、注意力、実行機能）** 	◎一緒に献立表やチラシ、本を見ながら日常会話の中で思考する環境をつくる。 例：「今日は何を作りましょう」 「食べたい物は何ですか」 「6月の旬は何ですか」など  ☆高齢者の見えやすい字の大きさで表示しましょう。 ☆施設内の見やすい場所に表示し、いつ見ても献立が認識できる環境をつくりましょう。 ◎冷蔵庫も一緒に確認し、残っている食材を調べる。 ◎一緒に簡単な計算をして、メモをしてもらう。 例：「○人分だと何グラム必要かな」 「豆腐は何丁かな」 「一人二つで８人だといくつ必要かな」  ☆簡単な計算により、作業記憶を用いた活動を促しましょう。 ◎簡単な日記を一緒に付け、食事の内容も記入する。 ☆日記を見ることで食べた記憶を再生できます。

行為と認知機能の働き	ケアのあり方
◎経験による記憶を再認識し、必要額と財布を用意する。 **（実行機能、判断力、注意力）**  	◎買い物リストを見ながら、計算する（思考する）環境をつくる。 例：「いくらぐらい必要ですか」 「足すといくらになりますか」 「お金はいくら用意しましょうか」など
◎経験により買い物に行く店を想起し、自宅からの距離、段差を認識して、安全に店まで移動する。 **（記憶、視空間認知、注意力、判断力、実行機能）**  	◎金額に対して、お札や硬貨で計算し、貨幣価値を再認する。 例：「財布の中にお金はいくら入っていますか」 「いくら持っていますか」 「持っているお金は足りますか」 ◎歩く時は介護者が道路側に位置し常に手を出せる状況にする。万が一転倒などのリスク回避に気を配る。 ◎「段差があります」と段差を意識できる内容で言葉かけをする。 ◎段差などに常に注意した声をかける。 例：「段差があります」 「足元に気をつけましょう」 ☆簡潔な言葉かけをしましょう。 ☆段差が見える（視覚からの情報）と「段差がありますよ」という言葉（聴覚からの情報）のそれらの繰り返しにより、危険の回避に意識を向けてもらいましょう。 ◎信号機などでは、記憶の想起による法令順守の行動を見守るようにする。 例：「赤ですね」 「青ですね」 「横断歩道を渡ります」など

行為と認知機能の働き	ケアのあり方
◎店に着き、店内の空間、売り場を認識し、移動しながら買い物リストを見て、品物を選んでかごに入れる。 **（視空間認知、記憶、判断力、注意力、実行機能）**  	◎常にリストを見ながら、チェックをして買い物ができるようにボードとペンを用意する。 ☆買った物から一つずつ、その手でチェックし、即時記憶を働かせられるようにしましょう。 ◎買う物のヒントを伝えながら、一品一品言葉に出していただき、言葉による聴覚の情報と視覚による情報により記憶を思い出す（思考する）環境をつくる。 例：「リストで何を買うことになっていますか」 「大根はどこかな」 「肉は何の肉にしましょうか」 ◎例えば、同じ品物を三つ必要な時は、一つ目の品名を声に出しながら、かごに入れ、記憶の再認を促し、二つ目、三つ目をかごに入れていただきましょう。

◎金銭の授受を行う所がレジであることを認識し、レジにて買った物に対してお金を支払い、袋に詰め替える。 **（実行機能、注意力、判断力、視空間認知）**	◎財布からお金（紙幣と硬貨）を選び出し、貨幣価値を再認する環境をつくる。 ☆財布には硬貨の種類を一通り入れておくことで、１円単位まで考える環境をつくりましょう。 ☆多くの物の支払いに困惑がある場合は、１品のみ（五百円以内くらい）をレジで支払い、貨幣計算を簡単にしましょう。 ◎袋に詰める時には、視覚と触覚を働かせ三次元的視空間認知を働かせる環境をつくる。 例：「重たい物から入れましょう」 「肉類を入れましょう」など

行為と認知機能の働き	ケアのあり方
◎店から自宅まで帰宅する。 **(視空間認知、判断力、実行機能)**	
◎自宅に着き、冷蔵の必要な品物と、そうでないものとの区別が認識でき、保管場所に注意して、買ってきた物を冷蔵庫や棚に仕分けて保管する。 **(記憶力、実行機能、視空間認知、判断力、記憶力)**	◎「私と一緒に 買い物リストに書いてある上から順に直していきましょう」と言葉をかけ、文字からの情報と買ってきた物を見て、一つ一つ手にとる触覚を連動させ、記憶の再認をする環境をつくる。 ☆品名と数を声に出し、チェックリストを見ながら確認する環境で行いましょう。
◎台所までの距離や段差を認識し、転倒などに注意を払い、安全に移動する。 **(視空間認知、判断力、実行機能)** 	◎標識や図を見える場所に設ける。 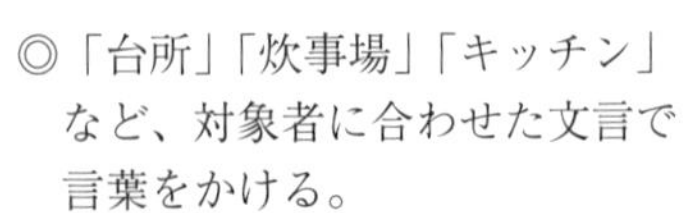 ◎「台所」「炊事場」「キッチン」など、対象者に合わせた文言で言葉をかける。 ☆標識(視覚からの情報)と統一した声かけ(繰り返しによる経験)の両方の機能を使って場所の理解を促しましょう。 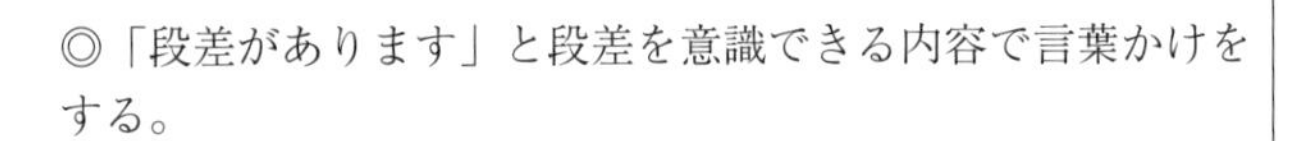 ◎「段差があります」と段差を意識できる内容で言葉かけをする。 ◎段差などに常に注意した声をかける。 例:「段差があります」 「足元に気をつけましょう」 ☆簡潔な言葉かけをしましょう ☆段差が見える(視覚からの情報)と「段差がありますよ」という言葉(聴覚からの情報)のそれらの繰り返しにより、危険の回避に意識を向けてもらいましょう。 ◎転倒等を意識できる言葉を使って予防する。 「あわてずにゆっくりと行きましょう」など

行為と認知機能の働き	ケアのあり方
◎調理の手順を認識し、必要な食器や調理器具を食品棚や引き出しから選んで取り出して準備をする。 **（記憶力、実行機能、視空間認知、判断力、注意力）**  	◎道具や器具の絵を一つ一つ棚の見える所に貼る。  ◎ドアノブを昔なじみの物に替える。 ☆ドアの場合、取っ手をつまめるような凸型にする。 ◎できれば引き戸が良い（引き戸の体験をほとんどの人がもっている） ☆引き手のついた引き戸が良いです。 ☆棚の奥に何があるか、その時の視覚により記憶を思い出す（思考する）環境をつくりましょう。 ◎「さとう」「しお」「油」「醤油」等分かりやすい文字で書く。 ☆昔使った記憶のある入れ物を用意しましょう。 例：塩は壺に入れる。 ◎一つ一つの名称を声に出しながら、一緒に準備をする。 ◎すり鉢、枡、おろし金など、昔の調理器具を使う。 ☆対象者に合わせ、昔経験した記憶を思い出してもらうために昔の調理器具を使いましょう。 ◎献立表に保管場所も書く。
◎記憶の再認により、認識していた保管場所から食材を取り出し用意する。 **（視空間認知、判断力、実行機能、記憶力、注意力）**  	◎冷蔵庫の中に入っている物の絵を表に貼るなど、絵や文字で記憶を思い出す（思考する）環境をつくる。 ☆棚の奥の物、冷蔵庫の中の物で視覚的に分かりづらい物を絵や文字で分かるようにしましょう。 ◎物の名前と色、形、量を一つ一つ声に出しながら一緒に用意する。 ☆名前、色、形、の情報を合わせて思い出す（思考する）環境をつくる。

行為と認知機能の働き	ケアのあり方
◎経験により、記憶を再認し、食中毒の危険を認識しながら賞味期限や腐敗の有無を確認する。 **(実行機能、判断力、注意力)**	◎高齢者は味覚、嗅覚の衰えがあるので、介護者も一緒に確認する。 
◎調理の手順を認識しながらそれぞれの行為に合わせて調理をする。 ・食材を切る ・食材を炒める ・食材を煮る等 **(実行機能、視空間認知、判断力、注意力、記憶力)**	◎できる行為を（「最初だけお手伝いしますね」と）伝え、できることを実施してもらい、記憶を思い出し、一人で行動ができた時点で見守る。 例：野菜の皮を剥く 野菜の千切りをする お湯を沸かす ☆調理工程を声に出し、何を作っているかを伝えましょう（記憶を思い出す）。 ☆簡潔な声かけをしましょう。 例：「火を弱めましょう」 「砂糖を入れましょう」 「美味しい小芋の煮物ができますね」  ◎火をつけると同時にキッチン・タイマーを使用し、おおよその時間をセットし、消し忘れを予防する。 ☆安全のため、ガスコンロから電気調理器に変更することも検討しましょう。
◎過去の記憶を再生し、盛り付ける量を考慮して器を選び用意する。 **(記憶、視空間認知、実行機能、判断力、注意力)**	◎見本を一つつくり、食器への盛り付けの参考にしてもらう。 

行為と認知機能の働き	ケアのあり方
	☆必要な人数分の器を先に用意し、○人分に分けてくださいと伝えましょう。
◎出来上がった料理を器に盛り付け、食卓に出す。 **（視空間認知、実行機能、注意力、判断力）**	◎「最初だけお手伝いしますね」と伝え介助し、記憶を思い出し、一人で行動がとれた時点で見守る。 
◎記憶を再生し、洗浄の手順を認識し、実行する。	◎洗浄のできる工程（洗い、ゆすぎ、拭きあげ）の中で、できることをしてもらう。
◎後始末の工程を認識し、器具や食器の保管場所を思い出して安全に片付ける。 **（記憶力、視空間認知、実行機能、判断力、注意力）**	◎絵を棚の見える所に貼る。 ☆絵を認識し、各種調理器具の保管場所を認識できるようにしましょう。

○調理は日常生活において、認知機能の中でも最も実行機能を活用する活動といえます。

○まず献立を考え、店を選んで買い物に行きます。その行為は、実行機能をはじめ、視空間認知・判断力・注意力等を駆使して事の成就が成されます。実際の調理段階では複数のメニューをほぼ同時に完成させるためにそれぞれのメニュー工程を同時並行して実行する必要があり、その手順を考え、効率良くこなしていかなければなりません。又、工程の途中でも細かな変更等があれば臨機応変な対応が要求されます。調理は最も複雑な実行機能を毎日行っていることになるのです。

○認知機能が低下すると、複数の工程を並行して行っていくことができなくなります。しかし、一つ一つの行為を簡潔な言葉で指示されると実行できるので、繰り返し促していけば、行為の継続に繋がる可能性があります。対象者に何ができ、何ができずに困っているかを観察し、適切な言葉がけと援助ができるよう模索し、実行していくことがわれわれ援助者の役割であるといえます。

第5章
認知機能の視点によるBPSD（周辺症状）への対応

1.　BPSD（周辺症状）とは……

認知機能障害（中核症状）が基になり、それに環境要因（物的環境、人的環境や身体要因）が加わって起こる症状のことを言います。全ての認知症の人に起こるわけではありません。

《物的環境の要因》

今まで、当たり前に生活していた生活環境であっても、中核症状の出現により適応していけなくなることから起こります。例えば、家にいながら「家に帰ります」と荷物をまとめる帰宅願望や、夕方になるとソワソワして「早く帰らなければ子供が待っている」と歩き回る夕暮れ症候群等、又、部屋の移動や引越し等、急激な環境変化も大きな要因となります。

《人的環境の要因》

対象者のプライドを傷つけてしまうような援助者の不注意な言動等、認知症高齢者との良好な人間関係が構築されていない場合に、その繰り返しにより、暴言暴行、不穏、無為の周辺症状が出現する要因となります。

《身体的要因》

認知症高齢者は、中核症状から身体の痛みや苦痛を上手く表現できないことが多く、その不快感をサインとしてウロウロ歩き回ったり、徘徊、暴言を投げかけたりという周辺症状で表現されることがあります。

以下に具体的なBPSDについて、いくつか述べます。

★失禁

排泄行動の認知障害が悪化していくため、便や尿が出たことが分かりにくくなります。初期の頃は、失敗の後始末を行えますが、認知症が進行していくにつれ、常に失禁状態になっていきます。また、トイレの場所が分からない、廊下の隅等に放尿する等の行為が見られます。

★徘徊

ただ歩き回る、または、他者には理解できない状態で、本人が何らかの意図を持って歩き回る行為を言います。行方不明等で捜索される場合や、交通事故等の危険を招く場合も多々あります。

★幻視、幻覚

実際には存在していない物や人が見えたり、音が聞こえてきたりします。その状態ははっきり形が見え、内容まではっきり聞こえるというものや、雑音程度、曖昧な形が見える程度等、さまざまです。

★異食

食べて良い物かどうかが判断できず、食べ物でない物を口に入れてしまう行為を言います。薬や洗剤等危険な物、便や泥等不潔な物をそれと判断できずに食べてしまい、生命に危険が及ぶこともあります。

その他、暴言、暴力行為、ケアの拒否、過食、不潔行為、性行為異常、無欲（うつ）状態、等があります。

2. 失禁・不潔行為を減らすには：認知機能の視点から

行為と認知機能の働き	ケアのあり方
◎部屋の隅、ゴミ箱、廊下、風呂場、などで排尿、排便をする。   	◎「出て良かったね」と、どんな状況においても、この言葉が出るように心掛ける。（共感できる人に） ☆排泄は人の生命維持に大切な行為で、出ないと死んでしまいます。 ◎叱責する、罵倒するなど相手をひどく傷つける行為は絶対にしてはいけない。 （常に笑顔で接する人に） ☆失敗してしまったことを恥ずかしく思っている場合が考えられます。自尊心を傷つけないようにしましょう。 ☆他の方に知られないように、 「お茶をこぼしたので、ズボンを替えましょう」 「お風呂に行きましょう」 「〇〇さん、私の用事に一緒に来てくれませんか」 などと、配慮した言葉遣いをしましょう。 （対象者から認められる人に） ◎できていること、できたことに視点をあてて、褒める。 （共感できる人に） ☆失認、失行により自分をダメな人間だと卑下している場合があります。 「健康的な便が出ていますよ」 「毎日、お通じがあるのは良いことですよ」
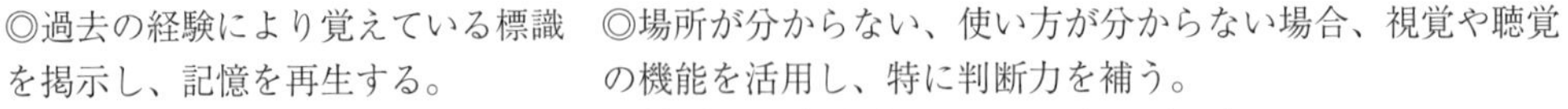 ◎過去の経験により覚えている標識を掲示し、記憶を再生する。  	◎場所が分からない、使い方が分からない場合、視覚や聴覚の機能を活用し、特に判断力を補う。  （観察から何を求めているか解る人に） 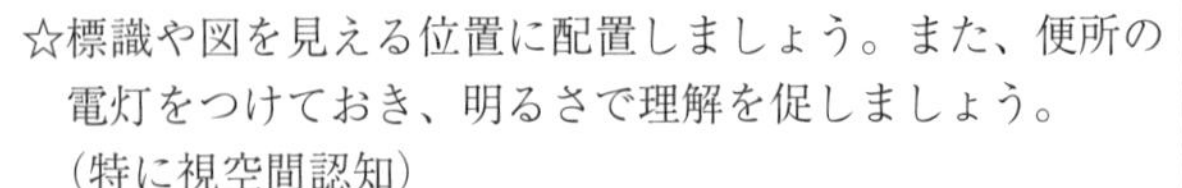 ☆標識や図を見える位置に配置しましょう。また、便所の電灯をつけておき、明るさで理解を促しましょう。 （特に視空間認知） ☆仕草や表情の変化から、本人の排泄のサインを見つけましょう。 例：立ち上がる、手を握る、ズボンに手を入れる、等。

行為と認知機能の働き	ケアのあり方
右記は一時的な対応 規則正しい生活習慣の確立、思考時間の確保（アクティビティ）、記憶再生保持の獲得、実行機能の発揮へ  	言葉で確認しても本人は違うと断るかもしれませんが断られても一度は誘導をしましょう。 サインを見つけるきっかけとなります。 ☆便所の場所、使い方が分かるように個人の残存機能（身体、知的）や能力に合わせて環境を整えましょう。 ☆放尿場所に便所の代わりの容器を置きましょう。 ☆放尿場所に鳥居のマークを貼り付けましょう。 
◎繰り返しの誘導により、経験を積み重ね、便所の場所を記銘し、記憶を保持し、場所を認識する。  	**繰り返しによる経験を継続して促すと短期記憶の再生により、便所の場所を認識してもらえる可能性がある。** 繰り返し便所に誘導しましょう。 ◎ズボンを腰ゴム式にする等、下ろしたり上げたりする行動を取りやすくする。 ◎室温、明るさなどにも注意する。 （共感できる人に） ☆便所への移動ルートを明るくして認識しやすい環境をつくりましょう。 「便所の標識がある所が便所です」等。 繰り返し同じ文言で言葉かけをしましょう。 ◎羞恥心を大切にして、関わる。 （対象者から認められる人に） ☆対象者は自尊心や羞恥心から、できれば一人で行いたい、と考えています。できる能力を見極めて介助を行いましょう。 ◎トイレに行きたがらない場合は、援助者から「私、便所に行くのだけど、一緒に行きませんか」と誘ってみる。 ◎排泄習慣を観察し、個人に合わせた排泄介助（トイレ誘導）を行う。 （観察から何を求めているか解る人に） ◎失禁の原因や状態を知る。

行為と認知機能の働き	ケアのあり方
	☆切迫性、溢流性、腹圧性、機能性、真性等、どの状態に分類されるか確認しましょう。 ☆疾病が原因でないか、受診の必要性を判断しましょう。

3. 徘徊を減らすには：認知機能の視点から

行為と認知機能の働き	ケアのあり方
目的を持って行動をしているが、周囲の者には理解が難しく、ウロウロと歩き回っているように取られがちな行動。   	◎目的を持っているので、むやみに制限しない。 （対象者から認められる人に） ◎対象者の話す内容を、まずは受け止める。 （対象者から認められる人に） ☆相手の発言を、繰り返しの技法等を使って受け止めましょう。 ☆否定語や、叱責する言葉は絶対に使わないようにしましょう。 ◎「家に帰ります」「仕事に行ってきます」という対象者の表現に対して、「外は雨が降っていますよ」等と伝えながら、外の様子を一緒に見に行き、帰るのが困難な状況だと納得してもらう。 ☆外出するのが困難である内容を考えて、相手が納得できる会話をしましょう。 ☆求めている対象者の相手役になり、電話で会話をして落ち着いていただきましょう。 ☆自分がプライドを持って活き活きと輝いていた時代に体験した居心地の良さを求めていると推測する考えもあります。今の場所でも賞賛され、褒めてもらえる機会を作ってみましょう。  日中の活動を通して脳の認知機能を活性化しましょう。 ◎ウロウロされる時には一緒に付き合って歩く。 ☆一緒に歩いて、その時の発言や視線を観察し、求めてい

行為と認知機能の働き	ケアのあり方
	るものや、目的は何かを検討する材料にしましょう。 （観察から何を求めているか解る人に） ◎「一緒にお茶を飲みませんか」「少し一緒に休憩しませんか」等々、声をかけ、水分の補給に気を配る。 ◎「私の仕事を少し手伝ってくださいませんか」「ちょっとだけお手伝いしてもらえませんか」等と、お願いするような言葉遣いで、他のことに気を向ける。 （常に笑顔で接する人に） ☆対象者の趣味やいつでもできる簡単な作業（テーブル拭き、タオルたたみ等）を用意しておきましょう。
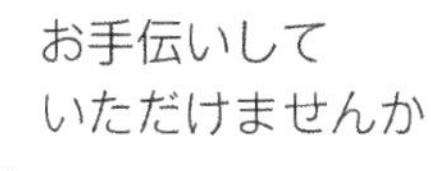	 **趣味や興味のあることで脳の認知機能を活性化しましょう。** **繰り返し行いましょう。**
	◎ウロウロすることに対して、浴びせられる他の方の冷たい視線が気になっているのではと考えられる。温かな眼差しで受け止める。 ☆安心できる言葉をかけましょう。 ◎他の方の部屋に入った場合に、トラブルにならないように見守りをする。 ◎例えば、前頭側頭型認知症等で常同行動が見られる方の場合、その方が通るルートには障害となる物や人がいないように環境を整える。 ☆歩くルートの所々に椅子を配置し、休憩が取れるような配慮を行いましょう。
	◎三次元空間の把握が難しくなっており、視空間認識が低下している。 ☆段差等での転倒に注意しましょう。 ☆徘徊する時の靴等、履物にも気を配りましょう。 ☆危ない所には統一した色を塗りましょう。

行為と認知機能の働き	ケアのあり方
	 **繰り返し注意を促し、注意力をつけましょう。** ◎今の部屋に、利用者の方が昔から使っているタンスや家財道具、特に気に入っていたものを持ち込み、居心地の良い環境をつくる。 ☆引き出しには何が入っているか、絵を貼りましょう。  **自分で使える（認識する）環境をつくりましょう。** **繰り返し道具を使うことで、認知機能を高めましょう。** ◎気の合いそうな人を見つけて、友達づくりを支援する。 ◎今いる場所での役割を与え、その場所に必要な人であることを伝える。 ◎外出し、帰れなくなった時のために、名前や電話番号を書いたものを常に身に付けてもらう工夫をする。 ☆例えば、衣類に名前と電話番号を書いたものを縫い付けましょう。 ☆お守りと言って GPS 機能の付いた器械を持っていただくのも一つの方法です。 ◎玄関に鈴や徘徊センサーを付け、一人で出かけるのを予防する。

4. 幻覚（幻視、幻聴）を無くすためには：認知機能の視点から

行為と認知機能の働き	ケアのあり方
実際には存在しないものが見えた	◎訴えを受け止める。

行為と認知機能の働き	ケアのあり方
り、聞こえたりする（夕方や夜間、天候の悪いとき、昼寝の後、体調の悪いとき、視力障害・聴力障害のあるとき等に多い） 	（対象者から認められる人に） ☆本人には見えたり、聞こえたりしているので、否定せずに受け止める。 （共感できる人に） ◎話のつじつまを合わせる。 （対象者から認められる人に） 例：「雨が降ってきた！」 ⇒「雨宿りをしましょう」 と言って、ベッドごと部屋を替えてみましょう。  「小さな子供が部屋に入ってきて、笑って出て行った」 ⇒「お家に帰ったみたいですよ」 と言って、外を見渡しましょう。  **日中の活動を通して、脳の認知機能を活性化しましょう。** ◎照明の加減で見えることがあるので、部屋を明るくしてみる。 ◎幻覚を誘発しているもの（壁のしみ、機械の音等）があれば、取り除く。 ◎温かい飲み物（ホットミルク等）を飲む、足浴等で気分転換を図ってみる。 ◎視力、聴力の障害があれば、医師に相談してみる。

第6章 認知症の当事者や家族と接するために

1.　認知症になった人の心理と苦悩

まず、認知症を患う本人と一番長い時間を過ごされた家族から見た特徴を押さえていきましょう。家族から見た認知症の人の特徴（公益社団法人認知症の人と家族の会 2010）をみていくと、最初に「衰えやすいもの」として記憶、見当識、判断、実行機能、理性といった「頭」に関連した「認知機能」を多く挙げられています。一方、「衰えにくいもの」として、プライド、感情、羞恥心、生活の知恵、心の働き、身体で覚えた行為（調理、掃除等）といった「気持ち」に関連した「情緒機能」や、「体」にたずさわる「身体機能」を挙げられています。高齢者で衰えやすいイメージのある身体機能よりも、衰えやすいものに、認知機能を挙げているのが大きな特徴です。

実際に、家族に話をうかがうと、認知症の人を家族が介護する苦悩は計り知れないようです。聞き取った言葉を並べていくと、「何とかしなければ」という強い思い、何をしていいか分からない苛立ち、常に一緒では息が詰まる、生活の不安や将来への不安で押しつぶされそうになる、周囲からねぎらいや感謝の言葉が極端に少ない、介護者同士で悩みを共有したい等、言いたくても家族以外に話せず、苦悩している方も多いようです。支援にあたる前に、このような家族の想いをぜひ知っておきたいものです。

家族の想いを理解するために、介護家族がたどるとされている「四つの心理ステップ」（杉山 2005）をみていきましょう。

第1ステップは「とまどい・否定」。本人の異常な言動にとまどうものの、病気や認知症ではないと否定してしまう。また、他の家族にも打ち明けられずに悩む時期です。

第2ステップは「混乱・怒り・拒絶（理解の不足）」。どうしたらよいのか分からず、

第1ステップ：とまどい・否定
・異常な言動にとまどい、否定
・他の家族にも打ち明けられない悩み

第2ステップ：混乱・怒り・拒絶（理解の不足）
・疲労困憊、絶望
・家族にとって最もつらい時期

第3ステップ：自認・割り切り
・周囲の支援を受けて、徐々に理解する
・怒っていてもしょうがない

第4ステップ：受容・適応
・理解できるようになる
・あるがままを受け入れる

手探りの方法や介護で行き詰まり、疲れ果ててしまう。心身ともに困憊し、絶望に陥りやすい時期で、介護されている家族にとっては最もつらい時期と言われています。

第３ステップは「自認・割り切り」。周囲の支援を受けて、徐々に今の本人の状態を理解していく時期です。認知症の進行でイライラしてしまったり、介護疲れからついカッとなってしまうことを見直し、怒っていてもしょうがないなと認めることができる時期です。

第４ステップは「受容・適応」。いろいろな苦悩や経過を経て、本人の状態を理解できるようになる時期です。本人の失敗や介護のつらさなど、ネガティブなことも含めて、あるがままを受け入れることができる時期と言われています。

実際には、第１ステップから第４ステップまですんなり進むものではなく、各ステップを行きつ戻りつしながら進んでいくとされています。

では、そのような日々の介護に悩む家族介護者に向けて、私たち援助職が伝えなければならないこととはどのようなことでしょうか。

以下に五つのポイントを挙げてみました。

（1）認知症の介護を一人で抱え込ませないように。
（2）手を抜くこともお伝えしましょう。
（3）誰かに手伝ってもらうことを促しましょう。
（4）グチを言える雰囲気も大切です。
（5）自分の生活も大切にしましょう。

また、本人の認知症の経過に応じて、関わり方が変化していくことも覚えておきましょう。各段階と支援例です。

①初期段階…その方にとっての良き時代を振り返る方法や、趣味を活かした生活援助を行う。（例）料理、書道、園芸、絵画等。
②中期段階…その方の生活を豊かにする方法を行う。
（例）音楽を聴く、踊りを踊る、演劇を観る、一緒に散歩する等。
③重度段階…人間的接触と感覚に対する心地良い刺激を中心に提供する方法を行う。
（例）マッサージ、リラクゼーション、アロマテラピー等。

2. 介入の声かけ例や導入例

援助職が心理検査やアクティビティの前に配慮すべきことがあります。高齢者はさまざまな心理を持っておられるからです。例えば、「何かをされること」への心配、「自分だけ」が受けているような孤独感、「頭の良さ」を調べられているような不安等です。これらは介入の前後での援助職からの声かけや周囲の環境調整により、その不安や心配を解消することができます。そのためにも、病院や介護施設の他職種スタッフとの協力姿勢はとても大切です。どのような声かけが望ましいのでしょうか。

○援助職と一緒に行うことが本人のメリットに
例：「この人は丁寧に話を聞いてくれるよ」
○機能面の評価も本人と家族のメリットに
例：「考えるゲーム、頭や手の体操を特別に用意してくれたみたい」
○本人尊重で活動継続を
例：「今日がしんどいなら別の日に変えてもらえるよ」

認知症高齢者への援助職のアプローチ①

○体験利用の方や初めての方への不安軽減に

例えば、援助職の中でも、心理士は相手の気持ちや状態に合わせて、関わることが得意な専門職です。「単に話しているだけ」のように見えつつ、高齢者の表情や言動、気持ちの変動について考えています。

例えば、「物忘れ」という主訴があります。一見すると、よくある悩みに見えますが、その悩みの中身を掘り下げていくことで、詳細なアセスメントにつながります。「物忘れ」で気をつけるべき「六つのチェックポイント」を段階別に見ていきましょう。

①利用者や家族は色々な症状を〈物忘れ〉と表現しやすい。「物忘れ＝認知機能障害」という意味の場合もある。

②「何を忘れるのか？　出来事なのか（エピソード記憶）？」

③最近の出来事を「すべて」忘れるのか？　「一部」なのか？

④「最近」のことよりも、「昔」のことの方をよく忘れるのか？

⑤本人が言葉でうまく表現できないだけではないか？（「言語の障害」であって、物忘れはないのでは？）

例えば、「覚えていないとできないこと」ができているのかどうかを確認する。

⑥実は物忘れはひどくなくて、物忘れ恐怖症（心気神経症）ではないのか？

物忘れに関する声かけ①

〈今日の日付が思い出せない〉利用者への声かけの手順

①「今日は何月何日でしたか？」（※正答は４月６日水曜日の場合）

②「壁に掛けてあるカレンダーが見えますか？」

③「旧暦では初春にあたり、天気では小雨が多い季節です」

④「ちょうど花見が盛んな時期で、桜がきれいな季節です」

⑤「1ヶ月前は３月６日でした」

⑥「昨日は火曜日で、４月５日でした」

気を付けるべきポイントは以下の三つです。

◎どの程度から思い出せるのかを確認する。

◎利用者本人が自分で答えられるように配慮をする。

◎ヒントを提示して本人の気持ちや残存機能を活かす介護へつなげる。

物忘れに関する声かけ②

“えんぴつ”が思い出せない利用者への声かけ

「断面は六角形や丸形が多く、外見は緑色や茶色が多い」

「使う時は、箸を１本で使うような手の動きをします」

「形は箸のように細長くて、触ると硬いです」
「素材は木で作られ、木の匂いがします」
「昔、小学校の勉強で使われていたと思います」
「文房具の一種で、HB や 2B 等の種類があります」
「文字や数字を書く時によく使います」
「これは〈え〉から始まる名前です」
「名前をひらがなに直すと、４文字です」
「名前を漢字で書くと、〈鉛筆〉となります」

気を付けるべきポイントは以下の三つです。
①単に「えんぴつ」と正答を示すだけでなく、どのようなヒントで思い出せるのか。
②本人にとっての「ヒント」や「気付きやすさ」がどこにあるのか。
③どの順番でお伝えすると気付きやすいのか。
これらに配慮して関わると、単に課題の点数の有無以上に、本人の得意・不得意、機能面の発揮の度合いといった詳しいアセスメントにつながります。

認知症高齢者への援助職のアプローチ②

○関わりにくい利用者の理解の向上に

→暴言を吐いてしまう方、言うことを聞いてくれない方、集団に参加しにくい方、黙っていることが多い方等、多忙な介護の業務では関わりにくい利用者がいるのは事実です。声かけによってそのような利用者と関わりを設け、相手を理解するための糸口を探ることができます。実際に介護施設で援助職との間で起きた例を見ていきましょう。

場面１：勉強に劣等感のある方

（高齢者の発言例）「私、ぼけているから。もともと頭も悪いんです。戦争があって、ロクに学校も行ってない。家族がおらんと、一人では何もできません」
［解説］ 勉強や学校に関する劣等感があり、あまり積極的に心理検査や介入活動には参加されにくい方です。
（援助職の発言例）「〈頭の良い・悪い〉を見るものではありません。ゆっくりお話ししながら、○○さんの得意なことを一緒に見つけたいと思います。いかがですか？」
［解説］「勉強」や「テスト」等の言葉は使わずに、会話を通じて本人の得意なことを見つけることをテーマに話題を展開していきます。

場面２：面接に劣等感のある方

（高齢者の発言例）「これ、介護判定と違うの？　デイサービスに来られなくなるのは困るわ。わざとできない方がええんと違うの？　それとも、あんた何かのセールスマンか？」

［解説］市役所の職員や家に来る訪問セールスマンと勘違いされやすい。人との交流は普段よりありそうだが、不安も高く、安心を感じてもらう材料を提供しないといけない。

（援助職の発言例）「介護判定やセールスマンとは無関係ですよ。この名札を見て下さい。ここの職員です。実は、デイサービスに来られている方全員に向けて、頭や体の調子を聞かせてもらっているのです」

［解説］「自分だけが受けている」という不安感を減らし、体調面の確認へと方向転換していく。名札や顔写真等、相手が分かりやすい確認物を一緒に提示する。安全で安心できる内容を重点的に説明する。

場面３：認知症の自覚がある方

（高齢者の発言例）「私、医者から認知症って言われているから。今更、勉強したって何も良いことないわ。頭の病気やから一生治らないって聞いている。もう放っておいて」

［解説］認知症や病名の自覚が強い方。または診断名の告知を受けて、そのショックが大きい方。治療や薬の在り方等の情報が正確に入っておらず、病気に関する不安がとても大きい方。

（援助職の発言例）「頭の体操をすることで得意なところと苦手なところを一緒に見つめ直しましょう。無理のない範囲で、今持っておられる力を維持しませんか？　私も一緒にお手伝い致します」

［解説］心理検査や非薬物的介入のメリットを説明する。それと共に具体的な活動を提示し、疾患に対して一緒に寄り添い、取り組んでいる姿勢を誠実に見せる。

場面４：プライドがかなり高い方

（高齢者の発言例）「頭の体操なんて、何で私がしないといけないのか！　私をボケていると思っているのか！　そんな風に、いつもみんなからバカにされているわ。もう、こりごり」

［解説］頭の体操という柔らかい言い方でも気に障り、プライドが高く、周囲からの被害妄想感も強く、何事にも拒否的な姿勢のある方。

（援助職の発言例）「最近の体の調子はいかがですか？　物が見えにくい、手で握る力が弱くなった等、そんな変化はありませんか？　健康を維持するために、体の調子や変わったことを教えてほしいのです」
［解説］ 刺激しやすい「頭」の話題よりも、「体」や「健康」にテーマを絞り、相手のプライドを傷つけないように配慮する。また、何かをするという侵襲的な関わりではなく、本人に教えてもらうような態度で接する。本人から出てくる調子や心身の変化からアセスメントにつなげていきます。

第7章 認知症の人への非薬物的介入

1. 非薬物的介入の考え方

はじめに、非薬物的介入というとたいそう難しそうに思われますが、やわらかく言い直すと、「本人の得意なことを通じて、薬を使わない方法でケアに活かそう」ということです。ここからは、①アクティビティの捉え方、②記憶の種類と特徴、③実施上の留意事項、の順に見ていきます。

それでは、まず高齢者領域でよく用いられている「アクティビティ」(Activity)の捉え方から見ていきましょう。ここでは、アクティビティの概念と記憶の理解がキーポイントになります。
高齢者臨床の領域にて、「アクティビティ」とは「作業活動を意味し、ゲーム、身体活動、仕事・家事活動、音楽活動、趣味活動、手工芸、文芸活動に分類されるもの」となります。では、なぜ高齢者臨床の領域でアクティビティが有効なのでしょうか。それには、高齢者を含めて、記憶の特徴を押さえておく必要があります。記憶の種類とその特徴を以下に見ていきます。

(1) 記憶の種類

記憶の種類には大きく陳述記憶と非陳述記憶があります。これは、脳の中で覚えておく部位が異なります。

(2) 記憶の仕組み①

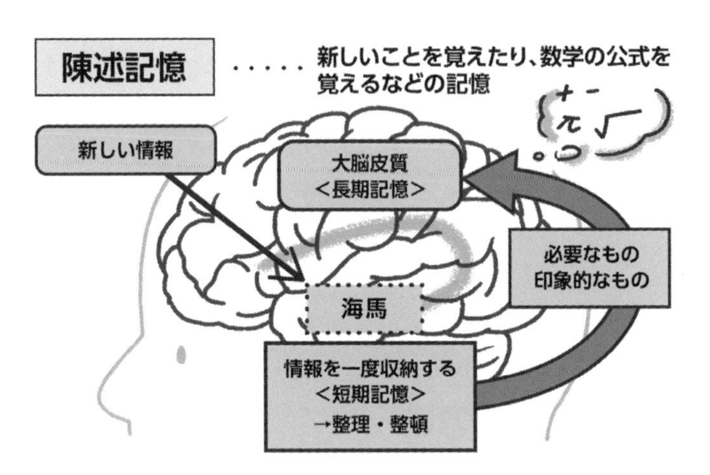

図 7-1　記憶のしくみ：陳述記憶

陳述記憶は、新しいことを覚えたり、数学の公式を覚える等の記憶です。新しい情報が入って来た時には、海馬にて情報を一度収納して整理します。その上で必要なもの（例：自分の名前や誕生日等）や印象的なもの（例：戦争体験、災害体験等）は長期保存できる場所として、大脳皮質に移されます。認知症を患い、海馬が障害されても、幼少期の記憶や昔のエピソードが保たれやすいのはこの仕組みによります。

(3) 記憶の仕組み②

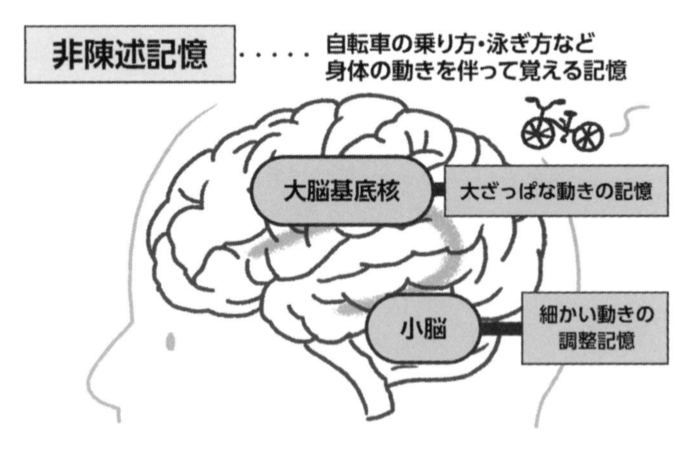

図 7-2　記憶のしくみ：非陳述記憶

それに対して、非陳述記憶は、自転車の乗り方やプールでの泳ぎ方等、身体の動きを伴って覚える記憶です。大脳基底核で大ざっぱな動きの記憶（例：自転車は足を下ろすように漕ぐ、平泳ぎはカエルの足のように等）を保ち、小脳で細かい動きの調整記憶（例：自転車を止めたい時にはブレーキを握る、平泳ぎの呼吸時には頭を水面から上げる、等）を保っています。

認知症で障害されやすい海馬とは異なる部位で身体の記憶を保っています。そのため、アルツハイマー型認知症の方で短期記憶を覚えておくことが難しくても、昔、体で覚えた料理や掃除等は、本人に馴染んだ行動として無理せずに行うことができます。これらの特徴に配慮した上で行うのが非薬物的介入となります。

次に「非薬物的介入」の捉え方を見ていきましょう。ここでは、アクティビティや余暇活動との違いの理解がキーポイントになります。「非薬物的介入」（Non Pharmacological Therapy）とは、認知症の人のBPSDの改善や現存している能力を活用したり、引き出そうとしたりする心理社会的アプローチです。

では、その特徴とはどんなものがあるのでしょうか。以下の五つが挙げられます。①～③がメリット、④～⑤はデメリットになります。

①本人が本来持っている能力を引き出そうとする。②BPSDの改善、QOLの向上を目指す。③介護家族の介護負担の軽減を目指す。④内容は多岐にわたる。⑤一定の効果はあるが、科学的な根拠が乏しい。

では、実際に、非薬物的介入を実施する時に、どのような点に気を付ければよいのでしょうか。以下、留意事項を三つの流れで説明します。①情報収集→②観察→③手順説明です。

①「情報収集」…本人や家族から生活史におけるアクティビティについて、仕事や役割、日々の過ごし方、趣味や興味等を把握すること。本人にとって意味のあるアクティビティを探ることにつながる。

②「観察」…日々の生活や介入の場面で本人の取り組み、表情、コミュニケーション、なじみの関係にある人等の把握に努めること。援助職同士で共有することが大切である。

③「手順説明」…口頭説明のみでなく、視覚的要素を用いて、見本の作品を見せたり、実際の動作をやってみせる。本人にもやってもらい、声かけ等でフィードバックを行う。できる限り、本人ができる範囲を広げられるように努める。

2. 非薬物的介入の種類

（1）非薬物的介入の分類と目的

非薬物的介入の分類を見ていきます。その分類には行動、感情、刺激、認知機能の大きく四つが挙げられます。いずれも利用者のBPSDの改善やQOLの向上を目的とするものです。

①行動に焦点を当てた介入（方法：行動療法等）
②感情に焦点を当てた介入（方法：回想法、バリデーション等）
③刺激に焦点を当てた介入（方法：芸術療法、アロマセラピー等）
④認知機能に焦点を当てた介入（方法：リアリティ・オリエンテーション等）

では、それぞれの介入について、具体的に見てみます。

①行動に焦点を当てた介入としては、行動療法等が挙げられます。これは後頭葉の障害によって、幻視が見えやすくなっているレビー小体型認知症の方等に対して用います。「幻視が見える」というタンスや扉にお札や鳥居のマークを貼り付けて対応します。高齢者には「ここから幽霊が見えにくいようにしましょう」と比較的保たれている記憶に向けて働きかける方法です。

②感情に焦点を当てた介入としては、回想法やバリデーションが挙げられます。これは感情失禁があり、気分の波が大きい脳血管性認知症の方等に対して用います。片麻痺や手の拘縮（こうしゅく）等があり、気持ちが下がってしまう高齢者に対して、自分が元気であった頃やよく思い出す昔の思い出を話してもらい傾聴しながら、その感情面を掘り下げつつ、ネガティブからポジティブに感情の方向を向けるものです。

③刺激に焦点を当てた介入としては、芸術療法やアロマセラピー等が挙げられます。これは常同行動のある前頭側頭型認知症の方等に対して用います。この認知症を患う高齢者の方は、前頭葉の障害によって我慢が難しくなり、どうしても自己中心的な行動が目立ち、自分の好きな行動を繰り返し行いやすい場面が頻出します。そのため、塗り絵を用いた介入で、枠線にとらわれずに好きな色で塗り絵をしてもらったり、チラシでゴミ箱を集中して作り続けてもらったり、包装紙等に付属されているプチプチをつぶして気持ちを発散してもらったり等、さまざまな刺激を導入していきます。

④認知機能に焦点を当てたものとしては、リアリティ・オリエンテーション（現実見当識訓練→p.142）等が挙げられます。これは見当識が低下してしまうアルツハイマー型認知症の方等に対して用います。自分を取り巻く今の場所や時間等、状況把握が難しくなってしまう高齢者の方に対して、食事やおやつの時間等に「7月7日って、何の日でしたか？」「今日は大晦日だから、年越しそばを食べますよ」「今日は12月24日のクリスマスイブだから、おやつはイチゴのケーキが出ますよ」等の声かけをしながら、状況理解を促すものです。

ご本人の想いや言葉にしにくい
ニュアンスも汲み取りやすい

では、非薬物的介入と余暇的アクティビティとの違いはどうでしょうか。余暇活動やレクリエーションとの違いは、非薬物的介入が、個人が潤いのある明るい生活を営むために、主体的にその余暇を創造し、それを楽しみ、またいかに上手に遊ぶかを見つめ、経験しようとする行為であるところにあります。つまり、高齢者の主体性や意思が反映された活動ということです。認知症高齢者は、症状の進行に伴い、主体的に生活や時間を管理して、自ら余暇活動に取り組むことが困難となります。そのため、援助職による認知症の人の潤いのある生活とQOL向上につながるアクティビティの提供や介入が必要となります。

(2) 非薬物的介入の種類

ここからは実際に介護現場でよく用いている非薬物的介入の種類を見ていきます。

(a) 作業療法、(b) 園芸療法、(c) 音楽療法、(d) リアリティ・オリエンテーション（現実見当識訓練)、(e) 回想法、(f) アロマセラピー、(g) アニマルセラピー、(h) 芸術療法、(i) ダンス療法、(j) 認知トレーニング活動の10種類です。では、介護施設でよく用いられている非薬物的介入を一つずつ見ていきましょう。

(a) 作業療法

作業療法とは、認知症の人の評価に基づき、「意味のある」アクティビティを優先し、難易度の調整を行うもので、心身機能と生活機能の改善を図ります。また、個別と集団の介入を組み合わせます。①**「ADL：Activities of Daily Living」**：更衣、食事、入浴等。

②**「仕事・生産的活動」**：仕事、学業、家事等。③**「遊びや余暇活動」**：歌唱、書道、裁縫等。以上の３分類を包括し提供するものです。

(b) 園芸療法

園芸療法とは、草花や野菜等の園芸植物や、身の回りにある自然との関わりを通して、心や体の健康、社会生活における健康の回復を図る療法です。例えば、施設外に出かけることが難しい利用者においても、持ち運び可能なプランターで稲を育てることができます。失語症で言葉で表現することが難しい高齢者でも、体に染みついた稲刈りの動作を体で思い出してもらいつつ、その動作を他の高齢者に伝えることで、本人の自信や喜びを作りながら、他の高齢者との関係を築くことができます。観賞用の草花を育てるだけでなく、収穫可能な稲やジャガイモ、サツマイモといった野菜を用いるのも、高齢者ならではの園芸療法と言えます。

(c) 音楽療法

音楽の治療への応用は、米国で第一次世界大戦の帰還兵の**PTSD（心的外傷後ストレス障害）**の治療が最初と言われています。その後、認知症だけでなくパーキンソン病、統合失調症の治療、がん患者の終末期のケア等、さまざまな場面で利用されるようになりました。介護現場では、言語聴覚士や公認心理師・臨床心理士が認知症高齢者の**年齢**や**好み**に合わせた曲を選び、**認知症の進行具合**に合わせて**歌**や**踊り**を取り混ぜたプログラムを用意することが多いようです。具体的には好きな音楽を聴く、カスタネットやタンバリン等の簡単な楽器を奏でる、歌に合わせて踊る、カラオケで歌う等、音楽を通じて脳を活性化させる療法です。脳の活性化だけでなく、気持ちを落ち着かせるリラクゼーション効果もあり、食欲が増す、よく眠れる、笑顔が増える等の先行研究の結果も多数あります。米国では音楽は「**記憶**の扉を開ける鍵」と言われており、昔の**唱歌**や若い頃に**流行した曲**を選ぶと、回想法と同様に昔のことを思い出して、さらに**脳を活性化させる効果**もあると考えられています。

(d) リアリティ・オリエンテーション（現実見当識訓練）

「現実見当識訓練」と訳され、1968年米国のアラバマ州にある退役軍人管理局病院で精神科医フォルサム（Folsom）氏によって開始されました。当初は戦争の後遺症によって脳に損傷を受けた軍人に用いられた療法でした。「何月何日か」「季節はいつか」といった時間や場所等が分からない見当識障害を解消するための訓練で、現実認識を深めることを目的としています。さらに介護現場では大きく二つの手法が用いられています。①クラスルーム・リアリティ・オリエンテーション。少人数の患者が会合し、**スタッフの進行**のもとで決められたプログラムに沿って個人および現在の基本的情報（名前、場所、時間、日時、人物等）を提供し、訓練するものです。② 24 時間リアリティ・オリエンテーション。スタッフとの日常での**基本的なコミュニケーション**の中で、認知症高齢者に「現在どこにいるか」「今は何時か」といった現実認識の機会を提供するものです。これは難しいものではなく、実は日常の介護場面に取り入れやすい手法です。以下、具体例を見てみましょう。

例えば着替えや排泄の介助等、日々のケアの中で、意図的に認知症高齢者の注意や関心を、天気、曜日、時間に向けたり、室内に飾られた季節の花、朝食の味噌汁の匂い、旬の魚を焼く香り、外の登校中の子供の声等を用いて、手掛かりを与える等が挙げられます。①は昼食やおやつの時間に、複数の高齢者を集めて実施可能です。②は複数ばかりではなく、個別の高齢者に対して介護をしている場面で導入することができます。例えば、入浴介助の時に「長袖から半袖になりましたね。少し汗ばむ日が多くなってきましたね」と伝えて、季節や気温の移り変わりを実感してもらったり、食事前に配膳車がフロアに運ばれてきた際に、「お味噌汁の匂いがしてきましたよ。そろそろ朝ごはんですよ」と伝えることで、言葉での理解の伝達と共に、嗅覚に意識するように自然に促して、食欲を感じてもらうように手掛かりを与えることも、一つのリアリティ・オリエンテーションです。

（e）回想法

1960 年代に米国の精神科医、ロバート・バトラー氏が提唱した心理療法。**過去の懐かしい思い出**を語り合ったり、誰かに話すことで脳が刺激され、精神状態を安定させる効果が期待できます。開始当初は**高齢者のうつ病治療**に使われ、長く続けることで**認知機能が改善する**ことも明らかになり、日本でも認知症のリハビリテーションに利用されるようになりました。認知症は、**記憶障害**が進んでも**古い記憶**は比較的最後まで残っていることが多く、認知症の記憶の特徴を上手に生かした方法と言えます。現場では、おもちゃ、写真、映画、音楽、ビデオ、レコード等、過去を思い出しやすくするための道具を用意し、必要に応じて問いかけをしながら、思い出話に耳を傾けていきます。回想で自分の人生の価値を再発見したり、当時の記憶がよみがえり、情動の活性化が期待できる方法です。さらに本人の「話す」や「聞く」という行為が記憶を維持し、認知症の進行遅延につながると言われています。その結果、孤独感や不安を減少させ、意欲の向上にもつながる先行研究の成果が多数みられています。

（f）アロマセラピー

植物の香りやさまざまな働きの力をかりて、心や身体のトラブルを穏やかに回復し、健康増進や美容に役立てていこうとする療法です。アロマセラピーの目的としては、①リラクゼーションやリフレッシュ、②美と健康を増進する、③心身の恒常性の維持と促進を図る、④心身の不調を改善し正常な健康を取り戻すことが挙げられます。介護現場での具体例として、朝にローズマリー＆レモン等を用いて笑顔や軽い気持ちを活性化する。逆に、夕方から夜にはラベンダー＆オレンジ等を用いてリラックス効果を引き出し、昼夜逆転の防止や安眠の導入が期待されています。効果機序として、①嗅覚を通しての精神・生理作用により、香りの分子が鼻の奥に達し、信号として嗅神経を介して脳へと伝わる。そこで精神的・生理的に作用します。②吸入による作用により呼吸と共に肺の肺胞から血管系へ入り、血流に乗って、全身に作用していきます。さらに③経皮作用により、皮膚の表面（表皮および附属器）から真皮へと吸収され、真皮にある毛細血管まで成分が到達し、全身を巡る循環に乗ることとなります。

（g）アニマルセラピー

ストレスを軽減させたり、**自信の回復**を目的として、人と**動物**とを触れ合わせる療法。犬や猫を始め、ウサギ、ウマ、イルカ等、人間と**喜怒哀楽を共有**できるような**情緒性の高い哺乳類**が主にセラピー・アニマルとして用いられています。居室に引きこもりがちの高齢者や施設生活の気晴らしにペットと触れ合い、情緒面の作用による QOL 改善もみられています。動物がいると無意識に警戒心を解きやすいという効果もあるようです。例えば、動物の世話を介して生活習慣、対人関係に疲弊した人の回復期に、動物の世話という課題を通じて身体障害でのリハビリ時に行う等。注意点は、長時間触れ続ける等で動物にストレスを感じさせないことです。また、高齢者の抑うつが強いと逆に負担になる危険性もあります。また動物が嫌な人や動物恐怖症の人もおり、環境に配慮して慎重に行う必要があります。

（h）芸術療法

1942 年に英国で始まったとされ、現在では認知症のリハビリテーションにも応用されています。芸術療法の表現手段は、**絵画・粘土細工・陶芸・彫刻・写真・連句・詩歌・俳句・自由画・心理劇・ダンス**等、言葉では表現しにくい情緒や願望、幻想等を自分の好きな方法を通して表現することで、不安を解消したり、感情を解放したりすることができます。完成した作品の良し悪しよりも、絵を描き、作品を作るプロセスを楽しむことを重視します。

（i）ダンス療法

1940 年代に米国で開始され、音楽に合わせて体を動かし、脳を活性化する療法です。認知症によるイライラ、暴言などの不安定な精神状態を改善し、穏やかでリラックスした気持ちを取り戻すことができると言われています。**身体を動かす**ことで生きる気力がわいてきたり、懐かしい曲をかければ音楽療法の効果も加わったり、**身体機能の維持や認知症**

の軽減が期待できます。医療機関や介護施設でも取り入れるところが増えてきているようです。例えば、介護施設で昔懐かしい盆踊りや民謡に合わせて踊るのも、日本ならではのダンス療法と言えるでしょう。

（j）認知トレーニング活動

音読と**計算**を中心とする教材を用いた学習を、高齢者と支援者が**コミュニケーション**を取りながら行うことにより、高齢者の**認知機能**やコミュニケーション機能、身辺自立機能等の前頭前野機能の維持・改善を図るものです。決して「難しい問題や勉強をさせて、脳機能を高める方法」ではなく、**簡単な計算**（例：８＋３）を素早く解いたり、**文章を音読**してもらいます。長時間ではなく、それぞれ５～10分程度で良いと言われています。また、他の人から誉められたり、**認められた言葉かけ**をされたりすると脳は活性化するため、援助職による見守りや声かけが大切だと言われています。さらに、漫然と取り組むのではなく、目的を持ち、本人自ら**手指を使う行為**をともなうことで、より高い活性度が得られるとされています。

では、ここまでに見てきた非薬物的介入で注意すべき包括的視点とは何でしょうか。介入の効果を高めるには、「目的を明確にして人と感情を共有する」という特徴を活かすことが大切です。介入や生活の場面において、自分に出来た、褒められた、役に立った、必要とされている等、心地良いと感じられるように肯定的なコミュニケーションが肝要となります。同時に、援助職が心がけるべき視点として、誤りなし学習（Errorless Learning）の考え方があります。これは、援助職は高齢者に寄り添い、失敗しないようなさり気ない支援や対応を行うというものです。本人が他者との交流を通じ、言語・非言語の感情表出が生じることや、心理面や行動面の安定が、日々の生活にも波及する（般化）ように努めることが大切です。

ここからは、認知症の人へ非薬物的介入を行う際の評価について見ていきます。

（3）認知症の人へ非薬物的介入を行う際の評価

認知症の人への介入の評価として、以下の６点を押さえていきましょう。（a）評価の視点、（b）評価の意義、（c）アウトカムの考え方、（d）事前評価と事後評価、（e）評価方法の一例、（f）評価を行う上での留意事項となります。

まずは具体例で見てみます。特別養護老人ホーム（特養）の利用者20名に対して、回想法を導入しようとした時の考え方です。

実施時間は昼食からおやつまでの隙間として、14時からの30分間。週3回の頻度で実施。計4週間を継続して見ていきます。対象者は特養の利用者20名。20名を回想法をするか・しないかで10名ずつに分けます。その際、記憶に注目するために、認知機能評価のMMSE（Mini-Mental State Examination）を用います。回想法を始める前の介入前と、4週間の介入後の2回、MMSEを実施し、記憶の点数の比較を行います。その結果、回想法の有無で見て、グループ間に差が出れば、回想法という非薬物的介入を用いることで記憶が改善したのではないか、と考えることができます（図7-1、7-2）。

それでは、ここからは高齢者現場での介入場面の各ポイントを見ていきます。

（a）評価の視点

介入効果が実感できても、その**検証は難しい**ものです。また、効果検証は**介入群**（効果が期待できる介入を行う）と、**対照群**（特定の介入なし）による**二群間比較**が基本ですが、**研究倫理**の面で難しい点もあります。
※対応例——クロスオーバー方式：一定期間を経て、介入群と対照群を入れ替える方法です。

（b）評価の意義

①対象者の状況を把握することで、**ケア**や**リハビリテーション**方針の指標となる。
②認知症の人への**介入が妥当か**どうか検討する資料となる。
③**今後の介入**や**研究**の資料となる。

（c）アウトカムの考え方

介入の効果を示すためには、①どんな**対象者**に対して、②何を**目標**にした、③どんな**改善**が見られた介入なのか、という要素を明確にする必要があります。

例えば、昼夜逆転がある特養利用者10名に対して、生活リズムの改善を目指し、2日に一回、15分の日光浴を実施。その結果、日中の傾眠時間が平均60分減少した、というような場合です。

逆に言うと、目的や方法が明確でないと、達成の有無や用いる評価（尺度、基準）を選ぶことが難しくなります。例えば、PTSD全般の軽減、ADLの改善、QOLの向上、介護者の介護負担軽減等（※2017年の米国精神医学治療ガイドラインでは、認知・刺激・行動・感情が示されている）。

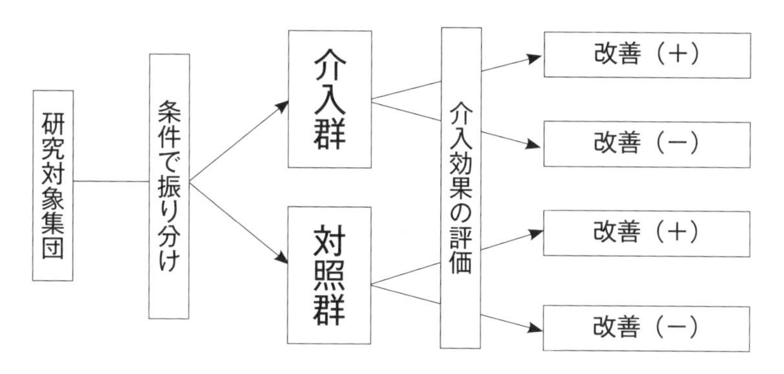

図 7-1 介入研究のデザイン例

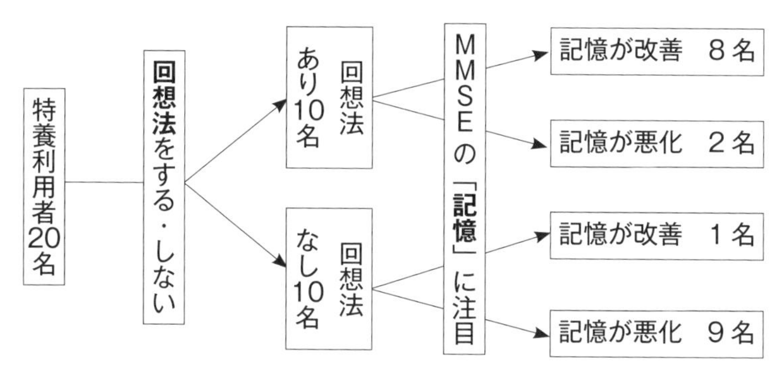

〔実施頻度…14:00 ～ 14:30 に週３回、計４週間／前後で MMSE スケール〕
→結論：回想法を導入すると、記憶の改善が起こりやすい

図 7-2 回想法の導入例（特養利用者 20 名）

（d）事前評価と事後評価

効果の検証には、**介入前後での変化**を検証する必要があります。例えば、介入群 vs 対照群によって、介入効果の有無を調べることができます。例えば、事例検討等のような利用者の個人評価の場合は、シングル・システムデザインの活用等で特定の活動時間の有無で検討することも可能です。

（e）評価方法の一例

評価のための主なツールを以下に紹介します。

①BPSD 関連の評価：Neuropsychiatric Inventory（NPI）、Cohen-Mansfield Agitation Inventory（CMAI）、Dementia Behavior Disturbance Scale（DBDS）等。

②ADL 関連の評価：Physical Self-Maintenance Scale（PSMS）、N 式老年者

用日常生活動作能力評価（N-ADL）等。

③ QOL 関連の評価：Quality of life inventory for elderly dementia（QOL-D）等。

④その他の評価：N 式老年者用精神状態尺度等。

種類はたくさんありますが、あくまで援助職が対象となる高齢者の「どんな変化」を調べたいかに合わせて「ものさし」を選ぶことが肝要となります。

（f）評価を行う上での留意事項

①高齢者を**一人の生活者**として尊重し、全人的に捉える姿勢が必要である。

②テストで得られる情報には**限界**がある。各生活場面での**観察**と生活史等の**情報収集**を重視する。

③一部の評価結果をもって、相手を**認知症と判断**したり、**否定的な側面ばかり**に目を向けたりしない。

④介入では、目的を明確にし、**変化を示す**ことができる評価を用いる。

3. 認知トレーニング（潤脳チャレンジ活動）の実践例

先に述べたように、みささぎ会では、平成 18 年より大阪大学大学院医学系研究科精神医学教室の先生方と協力して、独自の認知トレーニング活動を開始していました。それが潤脳チャレンジ活動です。この活動は、介護施設内で高齢者に幅広く実施できる非薬物的介入として開発されました。認知機能の維持・改善、認知症の予防や進行防止を目的としています。

読み・書き・計算という高齢者の培ってこられた基本的な馴染みのある活動を用いており、単なる勉強として高齢者に強制せず、本人が楽しみや意欲を保ちながら活動を続けていただくため、高齢者のレベルや興味・関心に合わせて教材を複数準備しています。

これは読み・書き・計算の継続が、実際の生活場面に応用・般化されやすいようにという狙いがあります。例えば、単なる計算にとどまらず、料理の家計簿をつけることや旅行の計画を考えて行うことで、在宅生活の中で、久しぶりに買い物を息子・娘に頼らずにしてみようか、実際に買い物に付いて行ってみようか等、生活場面に効果が反映されていき、本人の意欲や行動を前向きな形に変容できると考えています。

(1) 目的

読み・書き・計算という学習活動を主体としたアクティビティを継続して実施し、認知症の予防や日常生活に必要な認知機能の維持・改善を図ることを目的としています。

(2) 実施方法

①活動内容は、学習活動と創作活動の２種類を体験します。
②活動頻度は、週２回～５回行います。
③活動時間は、１回約 30 分行います。
④活動時は、落ち着いて集中できるよう環境に配慮します。

(3) 活動風景

図１　料理をつくるために予定を立てる（a　お楽しみ家計簿の活用）

図２　ゲームのように計算をしてみる（b　マス算術活用）

図３　昔知っていた物語を読んでみる（c　音読術活用）

(a) お楽しみ家計簿

料理編

書き計算総合教材

【お楽しみ家計簿】

(お出かけ編)

平成 年 月 日( ) 氏名

題材( )

	購入物	値段	自由欄
1		円	
2		円	
3		円	
4		円	
5		円	
6		円	
7		円	
	合計金額	円	

記入用紙

～カード版～

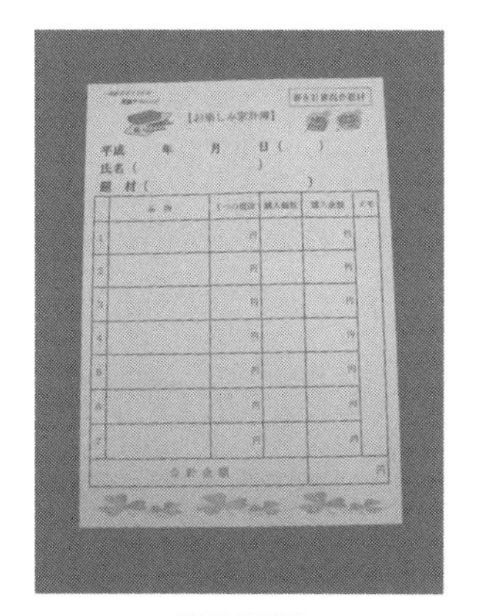
【お楽しみ家計簿】

平成 年 月 日( )

氏名( )

題材( )

1		円		円
2		円		円
3		円		円
4		円		円
5		円		円
6		円		円
7		円		円
	合計金額			円

記入用紙

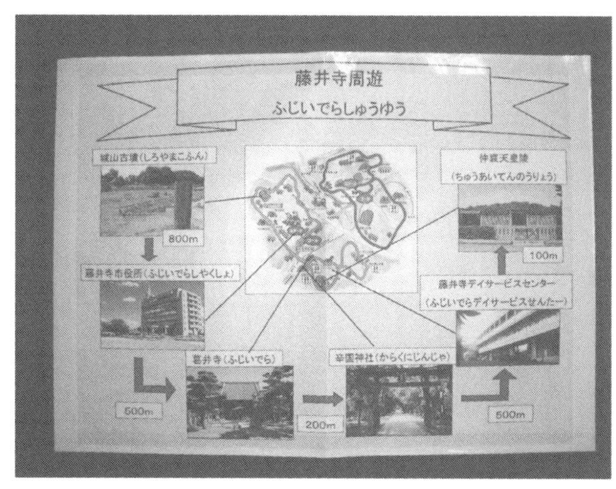

～チラシ版～

定食編

書き計算総合教材

【お楽しみ家計簿】

(定食編・ギフト編)

平成 年 月 日( )氏名

題材( )

	品物	値段	メモ
1		円	
2		円	
3		円	
4		円	
5		円	
	合計金額	円	

記入用紙

～カタログ版～

(b) マス算術

――一人一人に合った問題数に取り組んでいただきましょう――

+	2	5	1	3	7	4	6
4							
3							
8							
6							
2							
+	6	2	3	4	7	5	8
1							
5							
9							
3							
7							

35 マス× 2

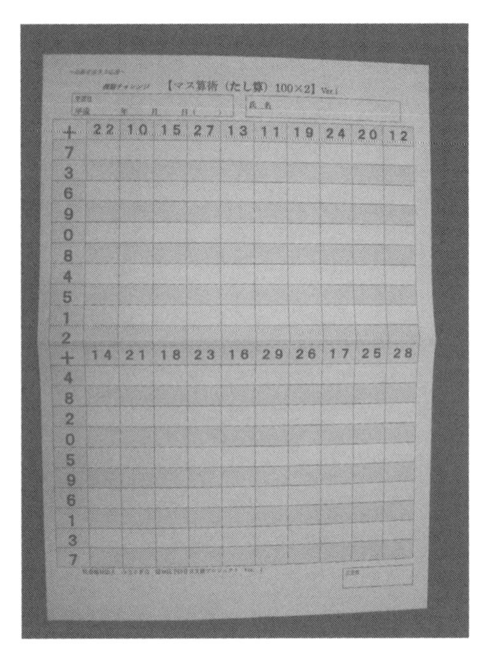

【マス算術（たし算）100×2】Ver.1

+	22	10	15	27	13	11	19	24	20	12
7										
3										
6										
9										
0										
8										
4										
5										
1										
2										
+	14	21	18	23	16	29	26	17	25	28
4										
8										
2										
0										
5										
9										
6										
1										
3										
7										

100 マス× 2

(c) 音読術

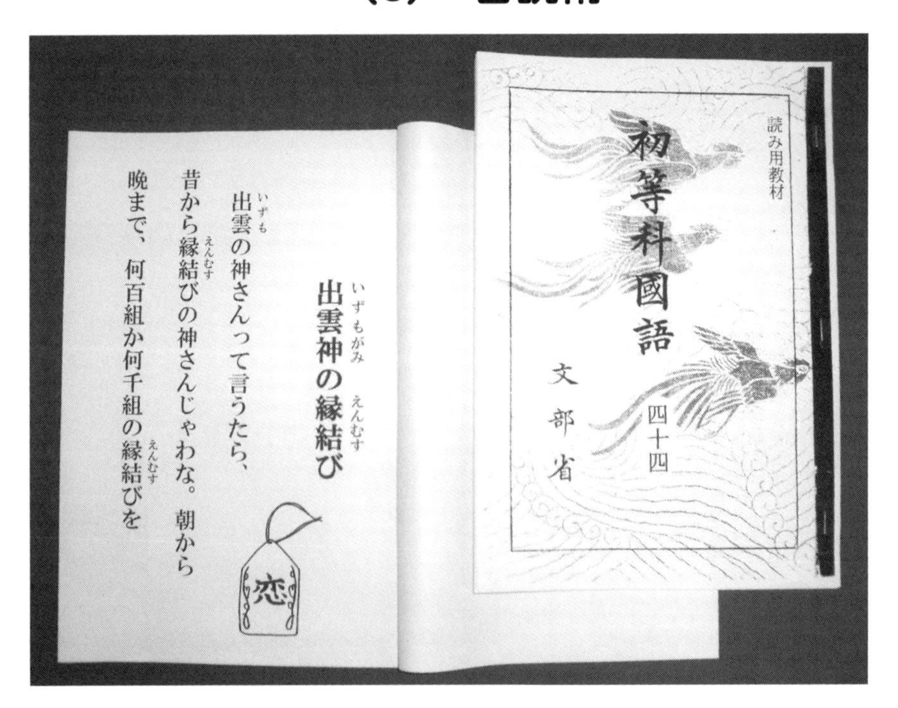

出雲神の縁結び

出雲の神さんって言うたら、昔から縁結びの神さんじゃわな。朝から晩まで、何百組か何千組の縁結びを

(d) 創作活動

水彩画

ペーパークラフト

4. 支援事例

それでは、ここからは実際の支援事例を通じて、介入の工夫やどのような変化が起きているのかを考えていきましょう。見ていく際のヒントとしては、介入の工夫、高齢者の変化、関わるスタッフの考え方等を頭において見てみましょう。

【事例】Wさん（男性、88歳、要介護3、グループホームに入所中）

《基本情報》

現病歴　アルツハイマー型認知症（特に、最近の出来事が覚えられない）、緑内障。

生活歴　小学校の時に親が亡くなり、十代から住み込みで鉄鋼職の仕事に従事した。その職人としての腕が認められ、独立して町工場の社長となる。ホットプレート・炊飯器・トンネル内の換気用プロペラ・お寺の鐘等の大企業から多岐にわたる仕事を受注する。海外でも技術指導の経験がある。半年前にグループホームに入所。しかし、認知症による物忘れと、緑内障のために以前のように物作りができないことで、気分が落ち込んでいる。

ADL及び基本動作　基本動作は完全自立（食事、排泄、更衣、入浴＝自立）。

介護職員が困っていること　抑うつ・無関心＝人生に悲観して、「もう死にたいわ」と繰り返し言う。「できることがない！」と言って、机に伏せって寝てしまう。起こそうとすると、「うるさい、責任者呼べ！」等と強い口調になる。

【検討場面】抑うつ・無関心のWさんへの声かけの時

(1) グループホームでは、健康維持のために、介護職員は入所中の高齢者に毎朝の体操をお願いしています。
(2) しかし、Wさんだけがずっと体操に応じてくれません。
(3) 声をかけても「しんどい」や「気分が悪い」の繰り返しで、机に伏せて寝てしまいます。
(4) 今日も、みんなの体操が終わってしまいました。
(5) 男性の介護職員が心配して、あらためてWさんへ体操の声かけをします。

【実際のやりとり】（セリフ）

介護職「Wさん、体操しましょうか」
Wさん「体操はごめんや、今日は」
介護職「なんで？」

Wさん「しんどいねん……」
介護職「ほな、明日はしてくださいよ？」
Wさん「明日、調子が良かったらするよ……」
介護職「今日は調子が悪い？」
Wさん「今日は何か……気分が悪いねん……」
介護職「じゃあ、お茶でも飲んで気分転換しといてください」
Wさん「なんや、もうアカンわ、こうなったら……（部屋に戻られ、寝てしまう）」

介護職は配慮しながら声かけをしていますが、Wさんは無関心で体操に興味は示さず、抑うつ傾向が強いために、朝にもかかわらずフロアから再び自室へ戻って寝ようとされます。では、Wさんに対するアプローチをどのように考えていけばよいでしょうか。まず、本章でのここまでの振り返りをしながら、考えるヒントを見ていきます。

【Wさんについて考えるヒント】
（例：認知症の種類、認知機能、生活行為、介入の種類など）
①Wさんの両親は？　10代の思春期は？（生活歴）
②Wさんは、どんな仕事をされていた？（仕事歴）
③仕事でのWさんの役職は？（社会的立場）
④Wさんが得意であったことは？　手先は器用？（趣向、身体機能）
⑤何が原因で落ち込み状態が続いている？（意欲、気分）
⑥Wさんがやる気になるのは、どんなこと？（得意なこと、介入のきっかけ）

さらに、介入のプロセスを考える際に、以下の枠組みで見ていきましょう。介護現場でWさんに介入するためにはどのように考えたらよいのでしょうか。
非薬物的介入の枠組みで考えてみましょう。
①Wさんが得意なこと、できることは？＝「情報収集」（例：生活歴、仕事歴等）
②Wさんに提供できる取り組みは？＝「非薬物的介入」（例：認知トレーニング、回想法等）
③取り組み後、Wさんの理想の姿は？＝「仮説の組み立て」（例：抑うつがなくて、何かに関心がある等）
④現在から理想に向けて、どんな変化？＝「変化を調べる物差し（尺度）」（例：MMSE、NPI等）

もし、ここまでのおさらいでも、考え方が難しいときには、アルバート・エリスの論理療法を活用してみましょう。以下、論理療法（rational therapy）とABC理論の考え

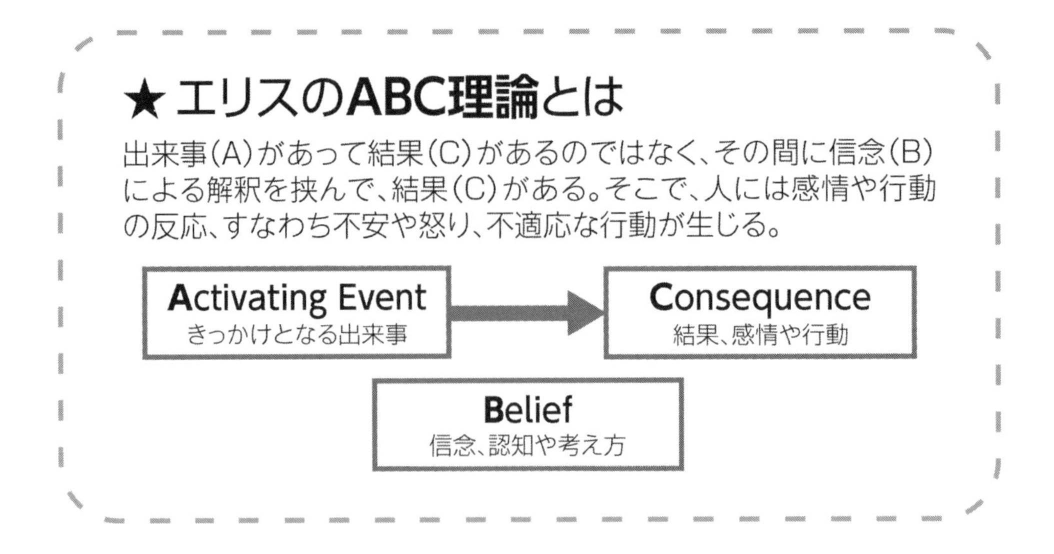

方です。

論理療法（Rational therapy）

ABC 理論とは、アルバート・エリスが提唱した心理療法で、心理的問題や生理的反応は、出来事や刺激そのものではなく、それをどのように受け取ったかという認知を媒介として生じるとして、論理的な思考が心理に影響を及ぼすことを重視しました（Albert Ellis1955）。

さらに、平たく言い直すと、ABC 理論とは、利用者の考え方のくせ（傾向）を客観的にとらえるのに大変役に立ちます。ABC が難しければ、日本語流に「あいう」で考えても構いません（丸尾、河野 2014）。

「あ＝ある出来事」「い＝いつもの考え方のくせ（傾向）＝"いつもこうあるべきだ"」「う＝うまくいった もしくは うまくいかなかった行動（反応）」となります。

【ABC 理論の活用事例】

在宅にてデイサービスを利用者されているＸさん（男性）が、娘のＹさん（女性）から「あと 30 分後にデイサービスのお迎えが来るから、パジャマから着替えておいてね」と言われます。しかし、Ｘさんは朝の連続ドラマを見ていて、「はいはい」と上の空で返事します。案の定、30 分後にデイサービスのお迎えが来た時に、娘のＹさんが部屋をのぞいてみると、まだパジャマ姿でテレビを見ているＸさんがいます。「なんでさっきも言ったのに、まだ着替えてないのよ！」「うるさい！　娘のくせして！　小言ばかり言いやがって！」と家族喧嘩が始まってしまうという場面。デイサービスのお迎え等ではよく見られる場面です。

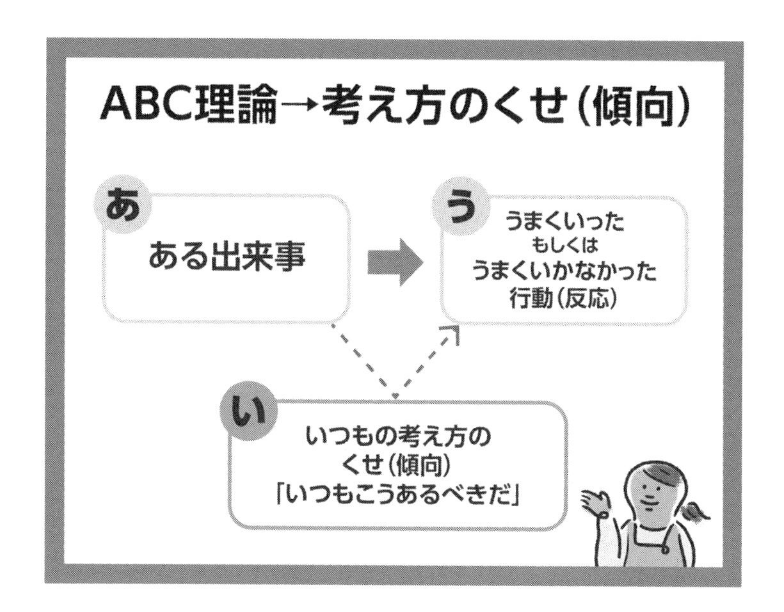

この場面を ABC 理論で考えてみます。
さらに「あいう」に加えて「え：ええ方法（解決方法・対策）」も一緒に考えてみます。

娘の Y さんの立場からは、
「**あ**」：着替えてと父に伝えた。
「**い**」：30 分も前に伝えたから着替えているべきだ。
「**う**」：伝えたのに、父は着替えておらず、腹を立てて怒ってしまった。
「**え**」：テレビを消して、刺激を少なくし、集中できるようにしてから口頭で伝える。父が気持ちよく着替えられるように、正面から笑顔で伝える。

父の X さんの立場からは、
「**あ**」：着替えてと娘に言われた。
「**い**」：いつものお気に入りのテレビを見ていたい。
何歳になっても娘は娘だ。自分の思い通りにしたい。
服を着替えるのがめんどくさい。
「**う**」：娘に言われて、カッとなり、腹を立てて怒ってしまった。
「**え**」：こだわりのある自分の好きな服をあらかじめ用意しておく。
「この番組が終わったら～」「何時になったら～」等、娘が分かるように目安の時間やきっかけを伝えておく。
このように、一見すると考えにくい場面をひもとくヒントになるかと思います。

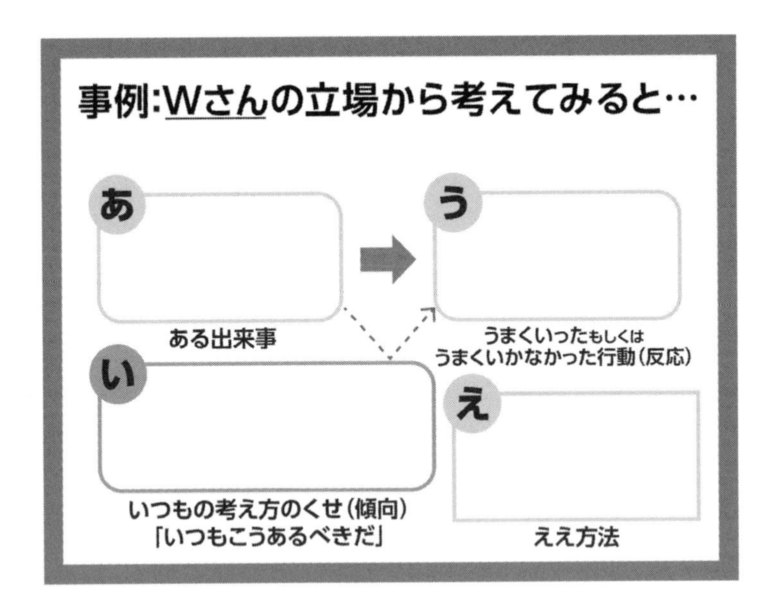

それでは、グループホームのＷさんの事例に戻ります。

Ｗさんの立場から考えてみると、「あ」「い」「う」「え」はそれぞれどのような内容になるでしょうか。

それでは、ここからは解説です。

Ｗさんの立場から考えると、

「**あ**」：職員から朝の体操に誘われた。

「**い**」：朝なので、自分の調子が上がらない、眠たい。
職員とはいえ、自分より若い人から言われると気分が悪い。
体がだるい気がして、体操をする気にならない、めんどくさい。

「**う**」：気分が悪いと言って、寝てしまった。

「**え**」：援助職としては、体操以外に体を動かしてもらう機会を作る。
Ｗさんの経験豊かな物作りを通じて、頭と体を使ってもらおう。

という形になります。

実際の支援では、他の利用者が足のむくみに困っていたこともあり、Ｗさんに木製の足置き台を作ってもらうことをお願いしました。頼む時は強制ではなく、「職員は若い人ばかりでロクなものが作れない」「ぜひ腕に自信のあるＷさんにお願いしたい」という謙虚な態度でお願いをしました。すると、社長の経験もあり、自分の中で一番自信のある物作りですので、「それなら、やってやろう！」となりました。

そこからは、足置き台とはいえ、仕事で物作りをされていたＷさんのことです。「設計図を描きたい」と自発的に言われます。しかし、昔のように頭が冴えない。そこで「設計図のために読み・書きの練習をしませんか？」と認知トレーニングを導入します。読み書きを続けながら、足置き台の設計を進めます。同時並行で、足置き台の材料の購入や脚部分の作成等を進めていきました。３ヶ月後、完成した足置き台をむくみで困っていた他の利用者に自らプレゼント。その利用者も「良いものを作ってもらった！」と大変喜ばれました。また、Ｗさんも「人に喜んでもらえる仕事は良いことだ。他人に喜んでもらえるとやりがいがあるもんだ」と笑顔で喜んでいました。

本事例では、３ヶ月間の介入前後でMMSE等の認知機能評価で活動内容を評価。本人の認知機能に合わせた認知トレーニング、主訴に沿った生活行為の支援を続けることで、介入以前に「眠たい」「死にたい」と言っていた無関心・抑うつの傾向は減少し、記憶や理解の認知機能の改善がみられるようになりました。

最後に、介護施設における生活行為に着目した非薬物的介入の実施例を載せます。一見すると、芋掘りやずんだ餅作り等、単に楽しんで行っているイベントに見えますが、実は記憶や見当識、理解等の認知機能がどのように働いているか、その際に身体機能はどこまで稼働可能か、本人の表情の変化や他の利用者との関わりの中での力動等を観察評価します。その評価内容は食事、入浴、排泄等の他の生活行為における介助時のヒントとなってつながっていくのです。

種イモ植え（春）

田植え（初夏）

稲刈り（夏）

イモ掘り（秋～冬）

参考文献（50音順）

・『アルツハイマー病――患者の世界』西村健著、じほう、2006年
・『絵でみる心の保健室』武田雅俊・田中俊久ほか、アルタ出版、2007年
・『お世話をさせていただくために』社会福祉法人みささぎ会、2002年
・『介護・医療・福祉小辞典　第2版』橋本篤孝・古橋エツ子著、法律文化社、2006年
・「家族介護者を対象とした認知症の症状に対応する自己効力感向上プログラムの効果」丸尾智美・河野あゆみ『日本プライマリケア連合学会誌』37（2）、104-111、2014年
・『キーワード心理学3　記憶・思考・脳』横山詔一・渡邊正孝著、新曜社、2007年
・『軽度認知障害（MCI）――認知症に先手を打つ』朝田隆著、中外医学社、2007年
・『現代老年精神医学』武田雅俊、永井書店、2005年
・『失行』河村満・山鳥重・田邉敬貴著、医学書院、2008年
・『実践パーソン・センタード・ケア』水野裕著、ワールドプランニング、2008年
・『知っていますか？　レビー小体型認知症　よくわかる、病気のこと＆介護のこと』小阪憲司著、メディカ出版、2009年
・『睡眠小読本　あなたの眠りは健康ですか？』大阪府立健康科学センター、2005年
・『痴呆介護の手引き』小林敏子・橋本篤孝著、ワールドプランニング、2003年
・「痴呆をよく理解するための8大法則・7原則」（みんなの健康とくらしのシリーズ）杉山孝博著、新企画出版社、2002年
・『特別養護老人ホームにおける自立に向けた介護展開手順の手引き』社会福祉法人全国社会福祉協議会、2004年
・『どんなことがあっても自分をみじめにしないためには――論理療法のすすめ』A.エリス著、国分康孝・石隈利紀・国分久子訳、川島書店、1996年
・『BPSD　痴呆の行動と心理症状』国際老年精神医学会、アルタ出版、2005年
・『プライマリケア医のためのBPSDガイド』国際老年精神医学会、アルタ出版、2005年
・『予防とつきあい方シリーズ　老年病・認知症～長寿の秘訣～』荻原俊男著、メディカルレビュー社、2006年

謝辞

長年御世話になった社会福祉法人みささぎ会の職員の方々、利用者、その御家族、地域住民の方々に感謝の意を表します。

また、本書の作成にあたり、熱心な御指導と御助言をいただいた福村出版社長宮下基幸様と編集部松山由理子様に心より感謝いたします。

最後に、一つ一つ丁寧なイラストを描いて下さった高石瑞希様に心より感謝いたします。

本当にありがとうございました。

著者紹介

桑田　直弥（くわた　なおや）

1980年東京生まれ

2003年　大阪市立大学生活科学部人間福祉学科卒業

2005年　帝塚山学院大学大学院人間科学研究科修士課程修了

2005～2006年　大阪市立弘済院附属病院勤務

2006～2019年　社会福祉法人みささぎ会勤務

現　在　地方独立行政法人東京都健康長寿医療センターリハビリテーション科主任
公認心理師、臨床心理士、介護福祉士、社会福祉士

イラスト：高石瑞希（たかいしみずき）

イラストで見る潤脳チャレンジ認知症実践介護
――援助職のための脳が潤う高齢者ケア

2020年 4月25日 初版第1刷発行

著 者 桑田 直弥
発行者 宮下 基幸
発行所 福村出版株式会社
〒113-0034 東京都文京区湯島2-14-11
電話 03-5812-9702 FAX 03-5812-9705
https://www.fukumura.co.jp
印刷・製本 中央精版印刷株式会社

ISBN 978-4-571-24082-9